Gebrauchsanweisung
für New York

New York ist einzigartig. Es hat die tiefsten Schlaglöcher, die verheerendsten Stromausfälle und Mietpreise, die Ihnen Tränen in die Augen treiben. Aber auch den berühmtesten Großstadtbahnhof, die mutigsten Radfahrer, eine noch immer atemraubende Skyline und eine enorme Vielfalt an Menschen. Verena Lueken zeigt uns die Stadt, in der die Welt vor der Haustür liegt und das Unerwartete zum Alltag gehört. Die immer mehr zur grünen Metropole wird. In der man in Shorts und Schlappen ins Theater gehen kann und die Kleiderordnung doch konservativer als anderswo ist. Sie ergründet den Durchsetzungswillen der New Yorker und ihre Energie, die sie aus jeder Krise noch stärker hervorgehen lässt. Und ihre Überzeugung, dass ihrer Stadt die Zukunft gehört.

Verena Lueken lebte sieben Jahre als Kulturkorrespondentin der *Frankfurter Allgemeinen Zeitung* in New York, genau zwischen dem Central Park und dem Riverside Park. Heute wohnt und arbeitet Verena Lueken in Frankfurt am Main und besucht noch immer regelmäßig ihre langjährige Wahlheimat. Ihre erfolgreiche »Gebrauchsanweisung für New York« erschien erstmals 2005 und seitdem in vielen Auflagen. Zuletzt erschien ihr Roman »Anderswo«.

Verena Lueken

Gebrauchsanweisung für New York

PIPER

Mehr über unsere Autoren und Bücher:
www.piper.de

Überarbeitete und aktualisierte Neuausgabe 2018/Sonderausgabe 2018
ISBN 978-3-492-05971-8

Redaktion: Sabine Wünsch
Umschlaggestaltung: Birgit Kohlhaas
Umschlagmotive: Dieter Braun
Satz: Fotosatz Amann, Memmingen
Bezug: Baronesse von peyer graphic gmbh
Druck und Bindung: CPI books GmbH, Leck
Printed in Germany

Für Samuel
und in memoriam e. k.

Inhalt

Nur in New York!

Erwarten Sie, dass Ihr Leben sich verändert, wenn Sie diese Stadt betreten. Erwarten Sie nicht, dass das wie im Traum geschieht. New York ist keine Stadt für Träumer. Andere Qualitäten hat sie zuhauf. Mit dem Central Park liegt mitten in New York eine der schönsten großstädtischen Parklandschaften der Welt, und über alle Veränderungen hinweg bleibt die Skyline traumhaft. In den Museen finden Sie die erhabenste Kunst, in den Konzertsälen die Virtuosen der Welt, und auf den Straßen wird Ihnen die größtmögliche Vielfalt an Menschen begegnen. Die Stadt ist aufregend, überwältigend, geschichtsträchtig, sie ist sicherer als die meisten anderen Metropolen der Welt, und sie ist sehr schnell. Sie inspiriert immer noch Künstler und Schriftsteller, die seit jeher hierherströmen, um sich mit den Besten ihres Fachs zu messen, sie ist grell, schlaflos und unverschämt. Nur herzlich und freundlich, das ist sie nur bedingt. Ja, New York wird Sie willkommen heißen – vorausgesetzt, dass Sie riskant und in ständiger Konkurrenz zu leben bereit sind, dass Sie die Masse brauchen, weil Sie die Einsamkeit lieben, vorausgesetzt vor allem, dass Sie bereit sind, innerlich zuzugeben, wie hart das

Leben ist. Und Spaß daran haben, sich zu beklagen, nicht über die Härte, das könnte Ihr erster Fauxpas werden, aber über die Schlaglöcher, über das Wetter, über den Verkehr und über alles andere, das sich nicht ändern lässt. Wer es lieber gemütlich hat, wird in New York nicht glücklich werden. Und wer zum Träumen kommt, wird schnell untergehen. Der Traum ist, hier anzukommen. Dann heißt es wachsam sein.

New York sieht sich als Hauptstadt der Welt, weil sie verspricht, dass jeder hier finden kann, wonach er sucht. Dass die Suche einfach sei, ist damit nicht gemeint. In New York zu leben ist schwierig, weil der Alltag Kampf bedeutet: Kampf um einen Job, eine Wohnung, ein Taxi bei Regen und einen Platz im Restaurant; Kampf um Anerkennung, eine gute Figur und ein Ticket für *Shakespeare im Park*. Nur in New York nennen es die Banker klaglos »Frühstück«, wenn sie in einer windigen Straßenschlucht im Nieselregen Schlange stehen, um für einen Phantasiepreis an einem fahrbaren Büdchen am Straßenrand dünnen Kaffee und einen schlappen Bagel zu erstehen. Nur in New York akzeptieren Angestellte über 30 mit gutem Einkommen ein Zimmer mit Gemeinschaftsbad in Handtuchgröße zum Preis eines Einfamilienhauses irgendwo außerhalb der Stadt. Und nur in New York bringen Menschen ganz selbstverständlich ihre Sommer- oder Wintergarderobe in eines der zahlreichen Lagerhäuser, weil in ihrer Wohnung kein Platz ist für einen zusätzlichen Schrank.

Nicht nur die Wohnungskosten sind höher als überall sonst in den Vereinigten Staaten (und fast überall sonst auf der Welt), sondern auch die Steuern, die sich die Stadt auf alles zu erheben erlaubt. New York war die erste amerikanische Stadt, in der auf den Theaterkarten dreistellige Preise standen, inzwischen längst eine Selbstverständlichkeit für alles, was live dargeboten wird. New York war auch die Stadt, in der sich zum ersten Mal vierstellige Summen auf den Theater- und Konzerttickets fanden – nicht etwa auf dem Schwarzmarkt, der hier verschämt »secondary market« heißt, sondern ganz regulär.

Der Brückenzoll auf dem Weg zum Flughafen oder sonst wohin hinaus aus der Stadt ist teurer als andernorts, und teurer sind auch die Garagen, die Kaufhäuser, Zigaretten und frische Blumen. Der Verkehr ist nervenaufreibend, einen Taxifahrer zu finden, der Englisch spricht und weiß, wie er zum Bahnhof Penn Station kommt, immer noch ein glücklicher Zufall. Seit die verschiedenen Carsharing-Dienste aktiv geworden sind, ist die Sache nicht besser geworden. Nur deutlich billiger.

Jeder kleine Sieg in diesem Alltag ist ein Triumph. Das mag erklären, warum die Stadt sich durch Katastrophen im Wesen nicht verändert. Als New Yorker wird man abgehärtet und stolz. An guten Tagen, wenn die Stadt im Licht der untergehenden Sonne glüht, ein kühler Windhauch durch die Straßen streift und die Passanten einen Augenblick lang das Gesicht zum Himmel strecken und die Augen schließen, kann man in dieser Härte eine Grazie sehen wie nirgendwo sonst.

Die europäischen Einwanderer, die Ende des 19. und in den ersten Jahrzehnten des 20. Jahrhunderts in die Stadt strömten, um in den Nähereien oder im Hoch- und Tiefbau, im Hafen oder in den kleinen Manufakturbetrieben im Süden von Manhattan ihre wenigen Dollar zu verdienen, rechneten ebenso wenig mit einem bequemen Start ins neue Leben wie die Einwanderer heute, die vor allem aus Lateinamerika, aus Osteuropa und Asien stammen. Sie rechneten nur damit, dass man sie machen ließ. Das allein ist der große Traum von dieser Stadt: die Freiheit, zu werden, wer man sein will. Auch wenn Sie als Reisender kommen und nicht die Absicht haben zu bleiben, werden Sie diesen Sog in die Unabhängigkeit und die Erregung und die Lust aufs Unerwartete spüren, das hier geschehen könnte. Ob die Stadt gerade arm ist oder reich, ob die Zahl der Verbrechen steigt oder sinkt, ob eine Krise sie schüttelt oder gebaut wird, was das Zeug hält: Das Gefühl dieser Freiheit steht immer wieder am Anfang jedes Besuchs in New York.

Ihr Herz wird also heftig klopfen, wenn Sie New York betreten, beim ersten Mal und jedes Mal von Neuem. Schon nach wenigen Tagen aber werden Sie sich zu Hause fühlen. In den zahllosen ethnischen Vierteln in Manhattan, Brooklyn, der Bronx und Queens geht es zu wie daheim: für die Russen in Brighton Beach, für die Chinesen in Chinatown – dem in Manhattan und dem bald größeren in Flushing in Queens –, für die Polen in Greenpoint, die Kolumbianer in Jackson Heights, für die Guatemalteken in Hillcrest, die Puerto Ricaner in Spanish Harlem, die Griechen in Astoria und für die orthodoxen Juden in Borough Park in Brooklyn. Manhattan ist außerdem klein und mit seinem weitgehend schachbrettartigen Straßenraster so überschaubar, dass Sie sich nach kurzer Zeit auszukennen meinen. Prahlen Sie nicht damit, denn ganz richtig ist Ihr Eindruck nicht, und kein New Yorker wird Ihnen glauben, dass seine Stadt es Ihnen leicht macht. Und für die anderen Stadtteile, für Queens, Brooklyn, Staten Island oder die Bronx, gilt es sowieso nicht.

Zwar hat die Stadtregierung für den Besucher inzwischen einige Hindernisse weggeräumt, die zwischen ihm und seinem Zielort lagen. Zum Beispiel hat sie an den Haltestellen von Bussen und U-Bahnen, die hier »Subway« heißen, Pläne angebracht, die über den Streckenverlauf der verschiedenen Verkehrsmittel Auskunft geben. Früher hingen solche Schaubilder nur in den Waggons; man musste also einsteigen, um festzustellen, dass dies die falsche Linie war. Internationalen Standards folgend zeigen Leuchtschriften in den Stationen inzwischen an, wann welcher Zug demnächst einfährt. In den neueren Stationen stehen wie ein iPhone geformte digitale Anzeigetafeln mit Touchscreens, auf denen Informationen über Verspätungen, Streckenarbeiten oder Zugausfälle abgefragt werden können. In den Zügen der Subway schnarrt eine Computerstimme Auskünfte über die kommenden Haltestellen, und in immer mehr Waggons zeigt eine Leuchtschrift an, wohin Sie unterwegs sind. Eine Fürsorge ist das fast wie in Hongkong! Auch kann es passieren, dass ein Busfahrer Sie darüber aufklärt, es sei die Saison für Erkältungen. »Seien Sie rücksichtsvoll! Niesen oder husten Sie in die Ellenbogenbeuge!« Es ist, als wollte die Stadt, die ihre Besucher so lange ganz allein gelassen hatte, sie jetzt bei der Hand nehmen und dafür Sorge tragen, dass ihnen nichts passiert und sie pünktlich zu dem Ziel kommen, das sie anvisieren.

Doch dieser Eindruck täuscht. Wenn Sie zum ersten Mal auf die Lautsprecherdurchsage eines lebendigen Schaffners auf dem Bahnsteig angewiesen sind und in der knatternden Übertragung durch verrottende Mikrofonkabel kein Wort außer der Nummer Ihres Zugs verstehen, können Sie ahnen, wie es einmal immer und überall hier war. Auch Einheimische spitzen dann die Ohren, geben aber nicht preis, ob sie einen Ton verstanden haben. Manche lachen, andere schauen blasiert den Bahnsteig entlang, wieder andere heben kaum den Blick von Smartphone, Zeitung oder Buch. Fragen Sie lieber niemanden in solchen Augenblicken. Die meisten New Yorker sind der Meinung, wer sich in ihrer Stadt bewege, müsse schon selbst herausfinden, wie er zum Ziel kommt.

Sie können auch zu Fuß gehen. Manhattan ist der einzige Ort in den Vereinigten Staaten, an dem Laufen zum Leben gehört und ein Auto nicht unbedingt. Wie in den besten europäischen Städten begegnen sich die New Yorker auf der Straße, und das Zentrum – es umfasst beinahe ganz Manhattan und die beliebtesten Kreuzungen in Williamsburg oder Park Slope, Jackson Heights und Astoria in Queens –, aus dem die Amerikaner in allen anderen Städten in die Vororte entfliehen, ist ein Anziehungspunkt. Vielleicht fühlen sich deshalb Europäer seit jeher so schnell heimisch hier, während die amerikanischen Touristen sich in Manhattan beinahe schon in Europa wähnen. Aber New York ist einzigartig. Wenn Sie sich dem Rhythmus der Stadt hingeben, werden Sie lernen, sich in ihr zu bewegen. Sie werden lernen, im Dunkeln am Abend oder in der Nacht mit den Fahrradlieferanten aus den Restaurants zu rechnen, die Ihnen ohne Licht in den Seitenstraßen entgegenkommen. Sie werden die Straßenseite zu wechseln lernen, je nachdem, wie die Sonne scheint oder wo die Pfützen an den Übergängen besonders tief sind. Sie werden ein bisschen schneller werden, ein bisschen klüger und glücklich, zu finden, wonach Sie vielleicht nie zu suchen wagten.

Damit Sie nicht suchen, was Sie nicht finden können, gibt es in diesem Buch übrigens keine Tipps für Restaurants oder andere Orte, die gerade in Mode sind. Die Mode ändert sich zu schnell, und selbst traditionsreiche Plätze verschwinden einfach. Zum Beispiel das kleine italienische Restaurant Gino auf der Lexington Avenue in Höhe der 61. Straße. Es war nichts Besonderes, was die Speisekarte anging, aber es war immer da – seit 1945, um genau zu sein. Man konnte dort preiswert und von der Qualität her ordentlich essen, das Lokal lebte von seinen Stammkunden und denen, die es von diesen empfohlen bekamen. Die Dekoration hatte sich seit den Anfängen nicht verändert, nur die Plastikblumen, die auf den Tischen standen, wurden jährlich ausgetauscht. Der Wirt, so hieß es, kaufte sie bei Wal-Mart und wusch sie dreimal im Jahr in der Küche, morgens, bevor die Kocherei losging. Man hatte den Eindruck, die Zeit sei kurz nach der Eröffnung stehen geblieben, und daran änderte sich nichts, als der ursprüngliche Besitzer vor einigen Jahren starb. Ein sicherer Tipp also? Keineswegs. Das Gino schloss für immer im Sommer 2010, als die Miete um 8000 Dollar monatlich steigen sollte.

Fünf Jahre später machte ein Laden zu, der zu New York gehörte wie der Weihnachtsbaum am Rockefeller Center:

F. A. O. Schwarz, der riesige Spielzeugladen an der Fifth Avenue, den Sie vielleicht aus Filmen kennen. Auf dem *walking piano* im Erdgeschoss tanzten einst Tom Hanks und Robert Loggia in *Big,* Woody Allen drehte hier, die Schlümpfe traten auf, und Cate Blanchett kaufte in *Carol* im ersten Stock eine Puppe von Rooney Mara, was eine schwierige Liebesgeschichte zur Folge hatte. Mehr als 180 Jahre lang fanden hier Kinder (oder ihre Eltern) aus aller Welt ihr von fast lebensgroßen Stoffelefanten, Giraffen und anderen Tieren jeder Größe und Gestalt bevölkertes Spielzeugparadies, das am Eingang Männer in Fellmützen bewachten, die sich fotografieren ließen. Dann gab F. A. O. Schwarz auf. Die Miete wurde zu hoch. Es ist immer dasselbe in New York. Wer nicht zahlen kann, muss gehen. Das gilt auch für Legenden.

Ein Jahr später erwischte es das berühmte Restaurant Four Seasons in einem der schönsten Hochhäuser der Stadt, dem Seagram Building an der Park Avenue. Gerade heute, da in unmittelbarer Nachbarschaft vollkommen banale, dafür aber sehr viel höhere Wohntürme hochgezogen werden, lohnt sich der Blick auf dieses bronzefarbene Stahl- und Glashaus mit der großzügigen Plaza davor, das Mies van der Rohe 1959 in Zusammenarbeit mit Philip Johnson gebaut hat, der den Sockel beisteuerte. In den Sockel sollte eigentlich ein Autosalon kommen, daher die für ein Restaurant ungewöhnliche Dimension. Schnell wurde aus dem Four Seasons das Lokal für die berüchtigten New Yorker *power lunches* und am Abend ein Ausgehziel für ältere elegante Männer mit jüngeren eleganten Frauen. Das Essen war so lala, dafür sündig teuer, der Rahmen aber so außerordentlich wie der Service. Solange das Four Seasons da war, in einem der Gänge mit einem Picasso-Gobelin geschmückt, der Speisesaal mit Pool, der Grill Room für den *power lunch,* die Bar quadratisch mit Bartender, der jeden Drink kannte, der einem Gast einfiel – solange all das so war, wäre niemand im Traum auf die Idee gekommen, selbst das Four Seasons könne dem

New Yorker Gang der Dinge unterworfen sein. Doch dann war es so weit. Auch das Four Seasons musste gehen. Die Miete stieg exorbitant, und im Sommer 2016 machte es dicht. Das Inventar wurde versteigert. Der Picasso-Gobelin war schon ein paar Jahre früher abgehängt worden.

In Hitze oder Sturm: Die Farben der Stadt

Schon der Taxifahrer, der Sie von einem der New Yorker Flughäfen nach Manhattan fährt, wird, so er Englisch spricht und überhaupt etwas sagt, an einem schönen Tag das New Yorker Klima preisen und als Refrain die klare Luft und die strahlende Sonne besingen. Auch bei jeder anderen Gelegenheit sprechen die New Yorker, wie übrigens die meisten Amerikaner, gern und immer wieder davon, was das Wetter gerade macht. Im Radio, im Fernsehen, im Internet natürlich und in den Zeitungen wird das Thema täglich mit erregter Aufmerksamkeit bedacht. Trotz des Klimawandels, der auch in New York die Temperaturen im Sommer von einer Hitzewelle zur nächsten treibt und der Regen, Stürme und Schnee bringt, wenn von keinem von ihnen die Rede sein sollte, ändert sich das New Yorker Wetter im Prinzip nie. Vielmehr folgt es, einschließlich der überraschenden Regengüsse, dem vorhersehbaren Wechsel der Jahreszeiten mit ihren stadttypischen Ausprägungen und einer verlässlichen Farbenfolge, die ganz New York ergreift, wenn es so weit ist.

Der Frühling ist zu kurz, als dass es sich lohnte, viel Aufhebens von ihm zu machen, ein paar in den Winter gesprenkelte Tage, vielleicht schon im März, sicher im April. Dann explodieren die Blüten der japanischen Zierkirschen rund ums Wasserreservoir im Central Park, und mit dem kräftigen Rosa und Weiß überzieht ein zartes Grün die Stadt. Wie verzaubert liegen in diesen Tagen die Querstraßen zu den Avenuen in Chelsea und in Greenwich Village mit ihren zwei- oder dreistöckigen Backsteinhäusern da, als sei seit dem Ende des 19. Jahrhunderts kaum ein Winter vergangen. Im Sommer, der jetzt jeden Augenblick beginnen kann, schwitzt New York alle Farben aus und unterwirft sich eintönig bleich dem Flimmern der Hitze. Wenn sich die Bäume im Herbst golden, rot und orange färben, wird die Stadt bunt, bis sich für Monate das Bleigrau des Winters konturschärfend über die Straßen senkt und nur die kahlen Äste im Park nachmittags ein wenig silbrig schimmern, an guten Tagen. Oder bis ein Schneesturm um alles eine weiße Hülle legt.

Im Sommer hängen die Blätter schlapp an den Bäumen, Parks und Straßencafés sind leer bis auf ein paar Touristen. Die Meteorologen berechnen neben den Temperaturen stündlich auch die Luftfeuchtigkeit, die wochenlang zwischen 80 und 90 Prozent pendelt oder auf 100 ansteigt, wenn es regnet, ohne dass es abkühlen würde. Es ist heiß, sagen sie, und es fühlt sich noch heißer an. Hitzerekorde werden angekündigt, gebrochen oder auch nicht, doch selbst über neue Superlative, von denen das Selbstbewusstsein der Stadt sonst so sehr zehrt, kommt keine Begeisterung auf. Die Menschen stöhnen und bleiben drinnen, wo es ein wenig kühler ist, zu Hause, im Kino oder in den Restaurants. In den alten Subway-Stationen schmeckt der Atem nach überbackenem Zement. Ströme heißer Luft entweichen den Klimaanlagen der Züge, in denen die Passagiere im Kälteschock erstarren. Oben in den Häusern stellen Mieter und Geschäftsinhaber ihre Luftumwälzer in die Fenster. Jede Umdrehung ihrer scheppernden Motoren lässt die drinnen aus der Luft gepresste Feuchtigkeit draußen an den Hauswänden heruntertropfen und erzeugt eine kleine Hitzeturbulenz auf dem Gehsteig. Sie ist stark genug, um den Gestank alten Teers, der aus dem weich gewordenen Asphalt quillt, von einer Straßenseite zur anderen zu blasen. In der schweren Wärme liegt etwas Giftiges, das sich nachts, wenn die Temperaturen kaum fallen, durch die Fenster zurück in die Wohnungen schleicht. Ein unbestimmtes Gefühl von Gefahr drückt auf die Stimmung. Vielleicht ist es das Ozon, das im Sommer eine weit höhere Konzentration erreicht, als gesund ist, weil immer noch Elektrizitätswerke aus den 40er- und 50er-Jahren aus Kohle Strom erzeugen, mit dem die Klimaanlagen auf Hochtouren laufen. Vielleicht aber sind es auch die Geister der Erinnerung, die die Hitze aus den Steinen herauslöst wie Feuer Erze aus Minen.

Erinnerungen zum Beispiel an den Sommer 1977. In kaum merklichem Tempo rollte eine Hitzewelle über die Stadt. Wie in vielen Jahren, so fiel auch damals im Juli der Strom aus. Meistens erwischt der Blackout die Bronx, Brooklyn und Queens, aber nur die Randgebiete Manhattans. Doch in jenem Jahr traf er die gesamte Stadt. New York stand sowieso an der Schwelle seiner schwersten Krise. Die Stadt war bankrott. Niemand glaubte mehr daran, dass die Straßen, falls die kratertiefen Schlaglöcher einmal gefüllt würden, je wieder mit Gold gepflastert sein könnten, wie es 20 Jahre später geschah. New York wurde täglich dreckiger, illusionsloser, übel riechender und gefährlicher. Der Untergang schien unausweichlich. Willkürliche Gewaltakte machten Schlagzeilen. Ein Serienmörder ging um und erschoss mit einem 44-Millimeter-Revolver jugendliche Liebespaare, die im Auto knutschten. Es waren regelrechte Exekutionen, und sie stürzten Teile der Stadt in Hysterie. An den Rand des kollektiven Nervenzusammenbruchs aber wurde New York durch die bizarren Briefe getrieben, die der Mörder an einen Kolumnisten der *Daily News* schrieb und die fast täglich die Schlagzeilen der Regenbogenpresse beherrschten. In diesen Notizen erklärte er sich zum *Son of Sam*, wobei Sam, wie sich später herausstellte, ein 6000 Jahre alter Mann sein sollte, der durch einen schwarzen Labrador zu ihm spreche und ihm die Befehle zum Morden gebe.

Die Polizei tat ihr Bestes. Sie analysierte die Liedtexte eines zehn Jahre alten Jimi-Hendrix-Albums, die dem Mörder möglicherweise als Inspiration gedient haben könnten, und erwog, seine Handschrift mit den Unterschriften auf den Führerscheinen aller weißen Männer zwischen 20 und 30 Jahren zu vergleichen. Allein in Queens wären das eine Viertelmillion gewesen. Jeder, einschließlich des Mafiapaten, der sein Viertel nicht vor dem Mörder schützen konnte, legte eine Liste mit Verdächtigen an. *Son of Sam* wurde in jenem Sommer gefasst und sitzt heute, verurteilt zu mehr als 300 Jahren Haft, in einem New Yorker Gefängnis. Sein letztes Begnadigungsgesuch wurde 2006 abgelehnt. Inzwischen, so behauptet er, hat er durch Bibelstudien im Gefängnis zu Gott gefunden. Die Geschichte seiner Mordtaten aber wird immer wieder erzählt, und jedes Mal, wenn sie doch in Vergessenheit zu geraten droht, erscheint irgendwo ein Artikel, der an *Son of Sam* erinnert. Vor allem, wenn es heiß wird.

Das Sommerende kündigt sich in den Nächten des frühen September an, wenn plötzlich ein Windstoß die Gardinen vor dem geöffneten Fenster bläht und man aufsteht, um eine Decke zu holen, die dann neben dem Bett liegen bleibt. Dem ersten Windstoß folgt noch kein zweiter, noch verteidigt die schwere Sommerluft ihre Hoheit zwischen den Häuserwänden, doch der Herbst wird kommen wie jedes Jahr, und jetzt sehr bald. Die Blätter fallen von den Bäumen, und die Erinnerung, wie es war, nur unter einem Laken zu schlafen und dennoch die Wärme zu spüren, die sich in die Haut gekrallt hatte, verblasst. Und dann sind plötzlich auch die Bettler wieder da.

Solange die Stadt im Hochsommer schwer im Dampf der endlos scheinenden Hitze liegt und der schmierige Film ihrer

Ausdünstungen die Umrisse der Architektur verwischt, sieht man Penner und *bag ladies* selten. Sie hocken vor Kellereingängen, in Nischen und Rinnsteinen, schmutzüberzogen wie die ganze Stadt und für den flüchtigen, schweißverhangenen Blick unsichtbar. Wenn sie im Straßenbild wieder sichtbar werden, ist der Sommer vorbei.

Die Bettler sind nicht alle gleich, und sie sind nicht alle gleich arm. Einige sind es vielleicht über den Sommer erst geworden. Manche glauben noch an das Leistungsprinzip, also singen oder deklamieren sie, schlagen Topfdeckel zusammen, behaupten, aus der Hand lesen zu können, und manchmal bekommen sie tatsächlich ein paar Münzen dafür. Sie sind die Elite der Ausgestoßenen. Sie können, was niemand, der noch ein paar Dollar in der Tasche hat, auch nur versuchsweise fertigbrächte: die Hand aufhalten oder einen Pappbecher in den Passantenstrom strecken, ohne den Blick abzuwenden.

Andere schließen keine Kompromisse mehr mit der Wirklichkeit des Geld- und Tauschverkehrs. Sie bieten nichts an, sondern holen sich den Platz, den sie im Leben verloren haben, auf der Straße wieder. Auf überfüllten Bürgersteigen rudern sie mit den Armen, als seien sie die Vorhut einer wichtigen Delegation, für die sie Raum schaffen müssen in der hastigen Menge. Sie haben eine Mission, wie jene spindeldürre Frau, die einige Monate lang in der Nähe einer Großbaustelle am Südrand des Central Park hin und her lief und jedem Vorübergehenden ins Gesicht starrte. *»Don't!«*, schrie sie, fauchte sie, flüsterte sie in kurzen Abständen und immer wenn ihr jemand begegnete – die Negation der ganzen Welt in einem einzigen Wort. Eine Stufe unter ihr in der Hierarchie der Armen herrscht Stille.

Vor einiger Zeit lief ich im frühen Herbst ein paar Wochen lang durch die Straßen meines Viertels, um die Männer und Frauen kennenzulernen, die dort regelmäßig bettelten. Nachdem ich eine Zeit lang immer wieder dieselben Gesichter und Gestalten beobachtet hatte, wurde ich Zeuge des Übergangs von dem einen Zustand in den anderen. Der Mann, er schien um die 40 zu sein, der nachmittags für viele Stunden auf einer Bank am Central Park Hof hielt, den Drahtwagen aus einem Supermarkt neben sich, mit Decken, ein paar Flaschen und einem Karton, dem er keinerlei Aufmerksamkeit widmete, lag eines Nachmittags auf der anderen Straßenseite mitten auf dem Bürgersteig und schlief. In den nächsten Tagen war er nicht zu sehen. Dann fand ich ihn wieder, ein paar Straßen von seiner Bank entfernt, ohne Wagen, ohne Decken und ohne Karton, und auch sein Alter schien er verloren zu haben. War er wirklich 40? Nicht eher 30 oder doch schon in den 60ern? Er saß in einer Nische vor einem vergitterten Kellerfenster, offenbar schon tagelang. Kleidung, Haare und Haut hatten begonnen, die Farbe der Fassade anzunehmen, an der er lehnte, bedeckt vom selben Staub, gerüstet für die Ewigkeit. Wo und wann er in ihr anlangte, weiß ich nicht. Der Herbst zog ruhig dahin, während das pralle Gelb, Rot und Orange, das noch mit der Sommersonne angefüllt war, sich langsam zu einem fauligen Braun verdunkelte.

Eines Tages war der Bettler nicht mehr da. Er blieb im Winter verschwunden und tauchte auch, als es wärmer wurde, nicht wieder auf. Die Lage für die Obdachlosen hatte sich vorübergehend verbessert, weshalb ich dachte, er hätte eine Bleibe gefunden, und ihn dann vergaß. Dann wurde die Situation der Menschen, die auf der Straße lebten, wieder schlechter und schließlich katastrophal schlecht – und plötzlich sah ich ihn auf dem Broadway wieder. Es waren Jahre vergangen, und es war wieder Herbst. Er hatte ein halbes Bein verloren, saß in einem alten Rollstuhl und rief jedem, der vorbeiging, zu: *»Help! I need help!«* Es klang aber nicht wie ein Hilferuf, sondern eher wie das Sonderangebot eines Straßenhändlers. Manchmal bekam er dafür eine 25-Cent-Münze. Manchmal zwei. Aber nie einen Dollar.

Hurrikane, die im Sommer und Herbst Saison haben, ziehen normalerweise an New York vorbei. Aber seit das Klima sich so massiv verändert, gilt das nicht mehr unbedingt. Ende Oktober 2012 kam mit Hurrikan Sandy, der erst in der Karibik riesige Schäden anrichtete und dann als subtropischer Sturm einen Teil der Ostküste zerstörte, auch über New York eine beispiellose Wetterkatastrophe. Wie immer, wenn das Wetter schlecht wird, wurden die Schulen geschlossen. Doch wie ernst es war, merkte man daran, dass auch die Börse und der Hafen dichtmachten. Die Brücken wurden gesperrt, und der Bürgermeister ließ Teile von Lower Manhattan und Brooklyn evakuieren. Die Reporter der Wetterkanäle standen knietief im Wasser auf leeren Straßen, während der Wind so heftig in ihre Mikrofone blies, dass nicht zu verstehen war, was sie sagten. Man konnte sowieso sehen, was los war. Der Katastrophenalarm war nicht übertrieben. Weiter draußen wurden die Strände verwüstet, es gab Tote und immense materielle Zerstörung. Seitdem stellen sich die New Yorker darauf ein, dass die Hurrikansaison auch sie betreffen kann.

Der Winter kommt mit Knattern und Gepuffe. New Yorker Wohnhäuser und auch die meisten Hotels werden mit Dampf beheizt, der durch die alten Rohre zischt und spotzt wie eine defekte Lokomotive. Manchmal knallt es in den Wänden, und manchmal hört man Schläge, als hämmere jemand im Keller mit einer Stange gegen die Heizanlage. Doch da ist niemand, und dennoch wandert dieser vibrierende Schlag, der aus dem Bauch des Hauses kommt, durch das Gemäuer auf der Suche nach dem Weg ins Freie. Er findet ihn nie, und der Krach bleibt im Haus, und all die Tricks, ihn abzustellen, funktionieren nur manchmal und ohne System. Man kann die Heizung ganz ausdrehen. Da die Häuser immer überheizt sind, bleibt es in den meisten Räumen dennoch warm genug. Doch viel ruhiger wird es dadurch nicht, weil nicht zu überhören ist, wie der Dampf sich den Zugang zu den Heizkörpern der Nachbarwohnungen bahnt. Man kann es umgekehrt versuchen: die Heizung auf höchster Stufe laufen lassen und dem Dampf alle Schleusen öffnen, auf dass er ungehindert durch den kurvigen Parcours der Rohre rase. Aber er wird dennoch immer wieder seine Schläge austeilen. Schließlich bleiben nur die Kapitulation und die Gewissheit, dass auch dieser Winter vorbeigeht.

Früher, so berichten alte New Yorker, war es vor allem im Januar und Februar zuverlässig eisig kalt. Inzwischen sind die Winter manchmal auch mild und schneearm. Aber es sind die anderen, die noch immer, wenn auch nicht mehr in jedem Jahr, über die Stadt hereinbrechen, die, in denen der Atem am Schal gefriert und man auf den Wiesen Schlittschuh laufen kann, von denen es sich zu erzählen lohnt. Am ersten Tag eines solchen Winters kann man die Kälte beim Blick aus dem Fenster bereits sehen. Die Luft hat eine stumpfgraue Farbe angenommen und steht wie eine Mauer. Schnee ist noch nicht gefallen, aber er wird bald kommen. Gestrickte Skimützen, die selbst die Jogger jetzt tragen, werden für Wochen ein notwendiges Accessoire. Mit eingesticktem »NY« über der Stirn (das Logo der New York Yankees, einer der Baseballmannschaften New Yorks) sind sie seit vielen Jahren auch modisch der letzte Schrei und werden an jeder Straßenecke verkauft. Die New Yorker scheuen sich jetzt nicht, alles übereinander anzuziehen, was warm hält, gesteppte Daunenjacken über Anzüge, schwere Schnürstiefel zum Kostüm, wattierte Handschuhe und lange Schals, die über den Mund gezogen werden können. In der überheizten Untergrundbahn werden sie dann von Schwitzanfällen gelähmt; in den Waggons dampft es innen wie im Sommer draußen. Vielleicht schon am nächsten Morgen wird es geschneit haben.

Niemals ist New York geräuschloser als unter dem ersten Schnee. Selbst die Müllabfuhr arbeitet, als sei sie in Watte verpackt. Normalerweise weckt sie die New Yorker zuverlässiger als jeder Hahn, der hier zum letzten Mal vor mehr als 100 Jahren gekräht haben soll, wenn sie am frühen Morgen röhrend zermalmt, was vom Vortag übrig blieb, und kreischend zerhäckselt, was die Menschen einmal dringend haben wollten und dann wieder nicht. Am Morgen des ersten Schnees hört man sie nicht. Manchmal kündigt diese Stille an, dass bald jede Alltagsroutine aussetzen wird, sollte der Schnee nur der Vorbote für einen Wintersturm gewesen sein. Meistens aber ist die Stille nicht mehr als eine kurze Pause im vertrauten Tagesablauf, und statt der Müllabfuhr kommen die Schneeräumfahrzeuge. Die New Yorker aber, die an solchen Tagen ihre Stadt preisen, von ihrer Schönheit schwärmen und glücklich sind, machen sich zu den Hügeln im Central Park auf. Bald rutschen dort Kinder und Erwachsene auf Mülleimerdeckeln, Autoreifen, auf Plastikdeckchen, in Gummischüsseln und allem anderen, das auf Schnee gleitet, herum. Wer erst am Abend im Park vorbeischaut, wird auf Eisskulpturen treffen, eng umschlungene, gefrorene Liebespaare, die auf den Parkbänken sitzen, bis es taut, Dinosaurier, an die man eine Leiter lehnen kann, und Schneemänner natürlich, überall. Sie kennen das aus Filmen.

Wenn der Wind mit mehr als 50 Stundenkilometern durch die Straßenschluchten pfeift, wenn Sie Ihre Hand kaum vor Augen sehen können, wenn die Temperaturen unter 15 Grad minus fallen, wenn der große Schnee kommt und die Flocken sich innerhalb kurzer Zeit zu einem halben Meter türmen, sprechen die Meteorologen nicht ohne Stolz von einem Blizzard. Es ist kalt, sagen sie nun, und wegen des Winds fühlt es sich noch kälter an. Schirme sind jetzt unnütze Geräte, weil der Sturm den Schnee von allen Seiten außer von oben gegen die Menschen treibt. Wenn dann auch noch Vollmond ist, wird für die Küsten Flutwarnung gegeben und vielleicht der Notstand ausgerufen.

Die ersten Aufzeichnungen darüber, dass ein solcher Schneesturm über New York hinwegfegte, stammen aus dem Jahr 1811. Von da an wurde regelmäßig in Abständen von zehn bis 15 Jahren ein Blizzard verzeichnet. 1888 muss tatsächlich ein Jahrhundertsturm über die Stadt hinweggegangen sein, der vor allem im Hafenbecken enorme Schäden anrichtete. Im 20. Jahrhundert wurden die Abstände zwischen den Stürmen kleiner und im 21. noch kleiner. 1961, 1969, 1978, 1983, 1993, 1996, 2003, 2006, 2010, 2016 – in all diesen Jahren erlebte die Stadt Stürme, von denen es jedes Mal hieß, sie seien rekordverdächtig: in der Schneehöhe, den Temperaturen, ihrer Dauer, der Zahl der Toten.

Für die Meteorologen sind diese Tage ein Fest, auf dem es nicht immer lustig zugeht. Immerhin sterben Menschen, erfrieren in ihren Autos, die auf abgelegenen Straßen liegen geblieben sind, und auch Obdachlose erleiden den Kältetod, manche mitten in der Stadt. Dennoch können die Wetterbeobachter kaum bemänteln, dass sie in jedem Blizzard nach Zeichen fahnden, ob New York sich auch im Wetter konkurrenzfähig zeigt und vielleicht einen selbst gesetzten Rekord wird brechen können. Sie stehen mit ihrem Kameramann an windigen Ecken, vor haushohen Wellen am Strand, vor den Schneebergen, die mit jeder Runde der Räumfahrzeuge wachsen. Sie sind aufgeregt bei der Aussicht auf einen solchen Rekord, nachdem sie vielleicht schon im Sommer, vor einem sprudelnden Hydranten postiert, Spitzenwerte einer Hitzewelle vorhergesagt hatten, die dann ausblieben.

Da die New Yorker inzwischen fast alle paar Jahre einen Sturm erleben, der kurz zuvor noch als Jahrhundertsturm gegolten hätte, hüten sich die Meteorologen nun, diese Vokabel zu bemühen. 2010 aber, als die ganze Ostküste im Schneechaos unterzugehen schien, als wieder einmal die Flughäfen dichtmachten, die Schulen geschlossen blieben und einige Menschen beim Schneeschippen Herzanfälle erlitten oder im Eis verunglückten, wurde die Vokabel vom Jahrhundertsturm wieder ausgepackt. Zu früh. 2016 war der Blizzard noch katastrophaler. Und im selben Winter, nämlich im März 2017, kam es schon wieder zu einem Schneesturm, der die gesamte Ostküste für zwei Tage durcheinanderbrachte. Die ersten Frühlingstage waren schon vorbei, als es plötzlich wieder eisig wurde. Sehr viel Schnee sei im Anmarsch, hieß es. Die Flughäfen schlossen. Der erste Besuch von Bundeskanzlerin Angela Merkel beim neuen amerikanischen Präsidenten Donald Trump wurde verschoben. In der Nacht aber fielen nur ein paar Zentimeter Schnee. Dafür raste der Wind durch die Straßen, dass es kein Erbarmen gab, und gegen Morgen schneite es dann dicke Flocken, die jedoch bald von Eiskörnern und gefrorenem Regen abgelöst wurden. Von einem Blizzard war zwar nicht mehr die Rede, dennoch stand das Leben in der Stadt für einen Tag still, Läden und Schulen blieben geschlossen und die Leute zu Hause, Restaurants lieferten kein Essen mehr. Nicht, weil das Wetter so schlecht war, sondern weil viele der Angestellten und Dienstboten außerhalb Manhattans wohnten, in der Bronx, in Queens oder Brooklyn, in Gebieten, in denen die Subway über der Erde statt unter ihr fährt. Und der Schienenverkehr liegt immer als Erstes lahm, wenn es schneit in New York. Doch obwohl die Abstände zwischen solchen Stürmen kleiner werden, scheinen sich die New Yorker nicht an Niederschläge im Winter zu gewöhnen. Jedes Mal aufs Neue trifft der Schnee die Stadt, als sei es der erste.

Während in den Wetterstudios angesichts eines nahenden Sturms immer neue Statistiken angelegt werden, gehen die New Yorker einkaufen. Außer vor den landesweiten Feiertagen, Thanksgiving etwa, dem letzten Donnerstag im November, ist in den Läden niemals mehr Betrieb als unmittelbar vor einem Sturm. Normalerweise sind die New Yorker *one meal shopper*, die gerade so viel einkaufen, wie sie für eine Mahlzeit brauchen. Vor dem großen Sturm aber werden in den Einkaufswagen Lebensmittel, Batterien, Kerzen und Riesenflaschen mit Trinkwasser gestapelt, als könnte sich tatsächlich jemand vorstellen, dass mit dem öffentlichen Transportsystem auch jegliche andere Versorgung zusammenbricht. Das ist bisher noch nie geschehen. Doch Einkaufen ist in New York ein Reflex, der immer dann aufzuckt, wenn etwas Ungewöhnliches bevorsteht. Vielleicht stellt sich der Bürgermeister am Abend vor die Fernsehkameras und rät, nachdem er Schulen und städtische Büros für geschlossen erklärt hat: »Bleiben Sie zu Hause.« Nicht, dass die New Yorker den Ratschlägen ihres Bürgermeisters immer folgten. In diesem Fall könnten sie es, wenn sie sich dazu entschließen wollten. Der Kühlschrank ist voll. Am nächsten Tag aber begegnen sie sich dann doch auf den Straßen, auf denen keine Autos mehr fahren, keine Busse, nur vereinzelt ein paar Taxis. Sie genießen die Ruhe, und auf dem Weg zur Arbeit fahren sie Ski, am liebsten auf dem Broadway.

Auf der Straße: *»Shall we dance?«*

Die New Yorker beziehen einen nicht geringen Teil ihres Selbstbewusstseins aus der Vorstellung, sie lebten in der schnellsten Stadt der Welt. Eine Stadt, die sich im Rhythmus der Jahreszeiten von Grund auf zu verändern imstande ist, verlange, so glauben sie mit einiger Berechtigung, auch von ihren Bewohnern höchste Flexibilität, was diese ein wenig über den Rest der Menschheit erhebe. Doch ebenso wie die Lust an der Veränderung ist auch stures Beharren auf Vergangenem einer jener Charakterzüge, durch die sich die New Yorker von allen anderen und vor allem von den vielen Fremden in ihrer Stadt absetzen. Sie lieben Ortsbezeichnungen, die von den Stadtplänen schon seit Langem verschwunden sind. Sie erinnern sich daran (und wenn auch nur aus Erzählungen ihrer Eltern), dass das MetLife Building einst PanAm Building hieß, und nennen auf jeden Fall die Avenue of the Americas, wie auf den Straßenschildern steht, nach wie vor Sixth Avenue. Auch halten sie an Gewohnheiten fest, für die es längst keinen Grund mehr gibt. In der Subway weichen sie immer noch fast jedem Blickkontakt aus, eine Sicherheitsmaßnahme aus Zeiten, da im Untergrund jeder

Mitreisende möglicherweise gefährlich war und ein Sichkreuzen der Blicke fast notwendig unangenehme Berührungen nach sich zog. Unsichtbar zu bleiben war das vernünftige Ziel, und als Tarnkappe diente das emotionslose Starren ins Nichts, in die Zeitung oder ein Buch. Heute und schon seit vielen Jahren sind die Subways zu jeder Zeit in fast allen Stadtgebieten außer einigen abgelegenen Strecken in East New York, Bedford Stuyvesant oder der Bronx sicherer als in den meisten anderen Metropolen. Doch ein offener Blick, ein Lächeln gar – sie weisen immer noch den Grünschnabel in der Weltstadt aus.

Auf der Straße sieht man einander ebenfalls nicht an. Seit auch hier fast alle statt nach vorn auf den Bürgersteig nach unten auf ihr Smartphone schauen, ist der New Yorker Fußgängerverkehr ein ganzes Stück unberechenbarer geworden, weil die Leute einfach unvermittelt stehen bleiben, wenn sie etwas irritiert, das nicht auf der Straße, sondern in einer Mail passiert ist. Trotzdem gilt immer noch: Die New Yorker sind schnelle, geübte Läufer. Sie drängeln sich auf den steilen Treppen der Subway-Eingänge an schwerfälligen Dicken oder mit Tüten beladenen Menschen vorbei, und sie entschuldigen sich keinesfalls, sollten sie dem Vordermann die Tasche von der Schulter schlagen oder gegen einen Rucksack rempeln, der ihnen im Weg ist. *»Excuse me«,* heißt die routiniert hervorgenuschelte Formel, was eine höfliche Umschreibung für »weg da« ist und nicht etwa »entschuldigen Sie« im Sinne eines Schuldeingeständnisses meint, wie es *»I am sorry«* andeuten würde. Diese Formel hört man im Straßenverkehr so gut wie nie, und man sollte sich hüten, sie selbst anzubringen, es sei denn, man hat tatsächlich in unachtsamer Eile einen anderen zu Fall gebracht.

Das allerdings geschieht unter New Yorkern erstaunlich selten. Sie sind es gewohnt, sich in engen Räumen zu bewegen, leben doch die meisten von ihnen in Wohnungen, in denen es einiger Behändigkeit bedarf, sich nicht selbst über den Haufen zu rennen. Außer vor wirklich raumgreifenden Hindernissen in den schmalen Zugängen zur Untergrundbahn bewegen sie sich daher mit außergewöhnlichem Navigationsgeschick, selbst auf den belebtesten Bürgersteigen. Instinktsicher rauschen die Ströme der Dahinstürmenden aneinander vorbei, den ungeschriebenen Regeln des Rechtsverkehrs für Fußgänger folgend. Nur manchmal, vor allem außerhalb der Hauptverkehrszeiten, wenn eigentlich genug Platz wäre, einander weiträumig zu umgehen, nähert sich jemand auf Karambolagekurs. Man sieht den Zusammenstoß kommen, weicht nach rechts aus, der andere nach links, was einen wieder auf gleiche Höhe bringt, schlägt einen Haken zur anderen Seite, dem der Entgegenkommende folgt. Man deutet eine Kurve an, wie der andere auch, wechselt wie er den Schrittrhythmus und steht plötzlich voreinander, auf dem falschen Fuß erwischt. *»Shall we dance?«*, fragt er dann, wenn man Glück hat, und endlich darf man schauen und lächeln und trifft einen Blick.

Festgemauert, andererseits, in sturer Gemütsverfassung, bedenken die New Yorker jede Neuerung mit Verachtung, die ihre Stadt ein bisschen weniger unvergleichlich macht. Die Luxussanierung erst von fast ganz Manhattan, dann von Brooklyn, inzwischen auch von Teilen von Queens und unaufhaltsam weitere Kreise ziehend, solange die Börse nicht zusammenkracht, aber auch das Auftauchen von Einkaufszentren mitten in Manhattan, die Verbreitung von Ladenketten in Straßenzügen, die einst von Tante-Emma-Läden gesäumt waren, all dies sind seit Jahrzehnten schon Tendenzen der Stadtentwicklung, die in New York stets aufs Neue von alarmistischen Kommentaren über den Niedergang der Hauptstadt der Welt begleitet werden, weil sie ihre Einzigartigkeit preisgäben.

Noch bis einige Jahre ins dritte Jahrtausend hinein brannten etwa mit Glühbirnen beleuchtet noch Ampeln an den New Yorker Straßenkreuzungen, die nicht die international üblichen Zeichen für Gehen und Stehen anzeigten, sondern es buchstabierten: *»Walk«, »Don't Walk«*. Eingesessene New Yorker vermissen sie bis heute, denn sie waren tatsächlich etwas Besonderes, auch weil sich die New Yorker dieser herrischen Anweisung selten fügten. Ihre typische Verhaltensweise ist nämlich das *jaywalking*. Es ist dem New Yorker Lebensgefühl mehr oder weniger genetisch eingeschrieben, geboren aus der historischen Erfahrung ständiger Überfüllung in engen Gassen, in denen die Menschen hin und her schossen wie Haie, um sich einen Glücksbrocken zu schnappen und nicht selbst gefressen zu werden. Von diesem Überlebenswillen ihrer Vorfahren geprägt, überqueren die New Yorker auch heute die Straßen zu jeder Zeit, soweit ihr Leben nicht unmittelbar gefährdet scheint (und manchmal selbst dann), und meistens nicht an den dafür vorgesehenen Stellen. Sie drücken sich vielmehr fern jeder Ampel zwischen den stehenden Autos hindurch, springen schnell zur Seite, wenn ein Fahrradfahrer naht, und hüpfen über Pfützen, die sich Seen gleich zwischen Bürgersteig und Straße bilden, kaum hat einer der berüchtigten Regenstürze die Stadt unter Wasser gesetzt.

Warum also trauern sie immer noch den alten Fußgängerampeln nach? Weil Generationen von New Yorkern statt »Mama« und »Papa« zuerst *»Walk/Don't Walk«* zu lesen gelernt hatten. Weil überhaupt die Tatsache, dass einzig in ihrer Stadt eine gewisse Grundalphabetisierung Bedingung für die Teilnahme am Straßenverkehr war, Ausweis ihrer zivilisatorischen Überlegenheit gewesen sei. Diese sei ohne Not für eine zweifelhafte Internationalisierung aufgegeben worden, an der hier doch sonst kein Mangel herrsche. Der Verlust von Einzigartigkeit, den die internationale Zeichensprache New York beschert, ist unübersehbar, immerhin leuchten die neuen Ampeln an fast 11 000 Kreuzungen, und ihre rot erhobenen Hände gebieten unmissverständlich: halt. Früher aber wusste jedes Kind und handelte danach, dass *Don't Walk* keineswegs Stillstand forderte, sondern hieß: »Nicht gehen! Renn, so schnell du kannst!«

Völlig unbeeindruckt von jeglicher Art von Ampeln zeigen sich die Fahrradboten, von denen es mehrere Tausend gibt. Sie haben eine erstaunliche Tradition in New York, angeblich flitzen sie schon sehr viel länger als 100 Jahre durch die Stadt. Und sie haben es immer eilig, weil es darum geht, wichtige Dokumente oder Waren so schnell von Haus zu Haus zu transportieren, wie es die verstopften Straßen zulassen, wenn man alle Hindernisse, Autos, Fußgänger, andere Radfahrer und Ampeln ignoriert. Diese Aufgabe wird deutlich dadurch erleichtert, dass die Stadt zunehmend mit Fahrradwegen ausgestattet ist. Was die Sache für Hobbyradfahrer nicht unbedingt ungefährlicher macht. Die professionellen Fahrradboten mit den wichtigen Waren und Dokumenten geben sich durch windschnittige grellfarbene Trikots zu erkennen. Alle tragen einen Helm, und ihre Räder sehen aus, als seien sie eines der zivilen Nebenprodukte der Raumfahrtforschung. Diese Boten sind gefährlich, weil sie nur ein Ziel kennen, dem sich der Rest der Welt unterzuordnen hat: die Empfängeradresse. Die Pizzaboten hingegen, die anderen Profis im New Yorker Fahrradverkehr, radeln in flatternden Hosen auf ihren alten, lichtlosen Rädern traumverloren vor sich hin. Auch sie sind gefährlich, denn offensichtlich haben sie die Welt vergessen und damit den Tod. Wahrscheinlich träumen sie von besseren Zeiten, was sie unberechenbar macht.

Niemand hingegen ist berechenbarer als die Autofahrer. Sie sind einerseits furchtlos, sonst kämen sie nirgendwohin. Andererseits haben sie eine engelsgleiche Geduld. Vor allem, wenn sie stehen. Zweireihig geparkte Autos in den Seitenstraßen sieht man täglich und immer zu denselben Zeiten. *Alternate side parking rules* heißt die Sonderlichkeit, der sie folgen. Die meisten Feiertage übrigens bedeuten nichts anderes, als dass diese Regeln außer Kraft gesetzt sind, was im

Radio angesagt wird. Sonst aber gilt, dass die Parker, um die Straßenreinigung nicht zu behindern, zu bestimmten Zeiten ihre Plätze auf jeweils einer Straßenseite räumen müssen. Auf der Upper West Side etwa muss dienstags und freitags zwischen 11.30 Uhr und 13 Uhr die Südseite der Straßen und montags und donnerstags zur selben Zeit ihre Nordseite frei sein. Gut zwei Stunden zuvor bildet sich gegenüber eine Autoschlange neben der dort bereits parkenden, während sich die andere Seite langsam leert. Wer seinen Wagen abgestellt hatte, wo gleich geputzt werden soll, flieht jetzt vor den Abschleppladern, die mit Sicherheit anrücken, wenn um halb zwölf dort immer noch ein Auto steht. Etwa 15 Parkplätze werden auf diese Weise in einem einzigen Straßenblock frei, 15 in einer Stadt, in der ein einziger ein Wunder ist! Ihnen gilt natürlich das Kalkül der gegenüber in der zweiten Reihe Wartenden. Jetzt müssen nur noch die Fahrzeuge der Straßenreinigung ihren Dienst tun. Wenn sie etwa dreieinhalb Stunden nach Beginn der Manöver damit fertig sind, kommt endlich der Zeitpunkt für die geduldig Aufgereihten, sich elegant in einen der nun für zweieinhalb Tage legalen Parkplätze auf der freien Straßenseite einzufädeln. Am nächsten Tag wird man dasselbe auf der anderen Straßenseite beobachten können. New Yorker Autofahrer, die auf der Straße parken und sich den *alternate side parking rules* unterwerfen müssen, fragt man besser nicht, ob sie denn mit ihren Autos noch etwas anderes tun, als sie mehrmals in der Woche legal abzustellen. Den meisten wäre das peinlich. Wenn man nicht sehr viel Geld für eine der Garagen ausgeben kann, die im Monat so viel kosten wie andernorts eine gar nicht so kleine Wohnung oder pro Stunde etwa so viel wie ein Abendessen in einem Restaurant in derselben Gegend, ist Parken (und nicht etwa das Autofahren wie zum Beispiel in Los Angeles) in New York ein lebensstrukturierendes Element. Wer allerdings mit dem Auto für einen Besuch gekommen ist und es erst wiederhaben will, wenn er die Stadt ein paar Tage oder Wochen später verlässt, kann sich auf einen der professionellen Parkservices verlassen, die sich um solche Fälle kümmern. Sie holen das Auto ab und bringen es auf Zuruf wieder. Wo es die Zwischenzeit verbringt, darf den Besitzer nicht kümmern.

Einen Sommer lang habe ich mit dem kleinen Fiat eines Freundes versucht, *alternate side parking* durchzuhalten. Er verbrachte einige Monate in Europa und wollte mir mit seiner Leihgabe das Leben in New York erleichtern. Ein paar der mit dem Warten auf einen Parkplatz verbrachten Vormittage gingen dahin mit der Betrachtung der anderen, von denen ich Geduld lernen wollte. Die meisten lasen, telefonierten oder tippten auf ihren Notepads. Einige klappten sofort nach Ankunft ihre Laptops auf und begannen zu arbeiten. Einer hatte seine Hanteln dabei und widmete sich seinem bereits zum Bersten prallen Oberkörper. Immer wieder versuchte er, den Erfolg im Rückspiegel zu überprüfen, drehte und reckte sich mit vorgeschobenem Kinn. Andere frühstückten ausgiebig und dösten anschließend vor sich hin. Ich überlegte, welcher Arbeit sie wohl nachgingen, die es ihnen erlaubte, mindestens zweimal in der Woche einen halben Tag auf einen Parkplatz zu warten, und kam zu keinem Schluss. Eine junge Frau, die immer denselben Platz in der zweiten Reihe anpeilte, fuhr regelmäßig als graue Maus vor. Nachdem sie Stunden später auf ihren Parkplatz eingeschwenkt war, entstieg sie ihrem Wagen als strahlender Schwan. Einmal verließ ich mein Auto mit einem Stapel durchgelesener Zeitungen und bewegte mich auf den Papierkorb zu, der direkt unter einem der Schilder *Don't litter* (keinen Abfall auf die Straße werfen) angebracht war, nur um an ihrer Beifahrertür vorbeischlendern und einen Blick ins Innere ihres Wagens werfen zu können. Sie hatte einen mehrstöckigen Kosmetikkoffer neben sich stehen, der vom batteriebetriebenen Rasierer bis zum Kajalstift alles enthielt, was ihre Transformation erklären half. Sie war wirklich sehr gepflegt. Die

Tage zerrannen in der brütenden Hitze, ich las in meinem kleinen Auto viele Bücher und beobachtete die schöne Frau. Dann verlor ich sie aus den Augen. Freunde mit einem Haus am Strand von Long Island hatten mich für ein Wochenende eingeladen. Ich genoss die Fahrt, wenn es voranging, und hörte Bob Dylan im Stau. Am Samstag erwischte mich ein Sonnenbrand, und am Sonntag fuhr ich mit dem Bus zurück in die Stadt. Den Fiat ließ ich für den Rest des Sommers in Long Island stehen.

Unten, oben, höher

Weil man ständig unterwegs ist in New York, mag es so scheinen, als ginge es hier um sehr große Entfernungen. Doch nur Brooklyn und Queens sind weitflächige Stadtteile. Manhattan hingegen ist nicht sehr groß. Wohin man auch läuft oder fährt, man bewegt sich längst nicht so weit von seinem Ausgangspunkt fort wie in London etwa oder in Berlin. Die Weite ist hier vertikal. Unten und oben sind die Kategorien, die zählen. Selbst da, wo es tatsächlich um die Horizontale geht.

Unten liegen Downtown, die Untergrundbahn, die Versorgungssysteme, Tunnel und eine geheimnisvolle Unterwelt; oben hingegen Uptown, die Straßen mit den Bussen und Taxis, die Brücken und die Skyline. Unten ist die Geschichte zu Hause. Hier, im Gedärm der Stadt und zwischen den Resten von allem, was beim Aufstieg zurückgelassen wurde, leben die Legenden oder, was etwa dasselbe ist, das Unterbewusstsein New Yorks, das vieles lenkt, was oben geschieht. Oben ist die Richtung, in die alle streben.

Unten, so kann man es auch sehen, ist der Dreck und oben das Geld.

Unten fing alles an. Der Engländer Henry Hudson suchte im Dienst der Holländer die Nordwestpassage und fand im Jahr 1609 stattdessen die Bucht von New York. Das Hafenbecken und der Fluss, der hier mündet, tragen seitdem seinen Namen. »Nieuw Amsterdam« wurde die Stadt genannt, die um diesen größten natürlichen Hafen an der amerikanischen Ostküste herum entstand, solange die Holländer hier herrschten. Sie war die einzige holländische Kolonie zwischen lauter britischen. Bis zur Kapitulation vor den Engländern im Jahr 1664, als aus Nieuw Amsterdam New York wurde, waren die Grundlagen dafür gelegt, dass die Stadt sich auch weiterhin ganz anders entwickeln konnte als die britischen Pilgerkolonien nördlich und südlich ihres Hafens, in denen die Puritaner eine neue Heimat gefunden hatten. Für dieses frühe Erbe, das New York nie verraten hat, steht der Kampf zwischen zwei Männern um individuelle Freiheit und die Zukunft der Kolonie. Beide verkörperten jeweils verschiedene Elemente dessen, was Amerika ausmacht – Freiheit, Demokratie und Rechtsstaatlichkeit der eine, skrupelloses Geschäftsgebaren, Regellosigkeit, Vorteilsnahme und unbedingten Machtwillen der andere. Der eine hieß Adriaen van der Donck. Der andere war Peter Stuyvesant.

In letzter Konsequenz, so viel ist seit mehr als 350 Jahren bekannt, siegte keiner von ihnen, sondern England. Doch in den Jahrzehnten zwischen 1609 und dem Sieg der Engländer 1664 hatten beide in New York bereits so starke Strukturen aufgebaut, dass sich die Entwicklung unter englischer Herrschaft fast zwangsläufig nach ihren, der Besiegten, Grundsätzen vollzog. Dazu gehörte die Idee einer unabhängigen Stadtverwaltung, die aus der Tatsache hervorging, dass Manhattan lange Jahre im Besitz des holländischen Handelsunternehmens Westindien-Kompanie, also eine *company town,* war, deren Existenz einzig dem Geschäftemachen galt. Dazu gehörte ebenso das Nebeneinander unterschiedlichster Kulturen, Religionen und Sprachen, das sich naturwüchsig aus demselben Grund ergab und daraus, dass Manhattan früh schon eine Freihandelszone war, in der sich die Warenströme aus der gesamten Neuen Welt trafen, vermischten und neu verteilten. Auch Piraten kamen gern und regelmäßig hier vorbei. Das alles geschah einigermaßen ungestört von der Heimatregierung in Europa. Die Holländer zeigten an ihrer Kolonie in den Jahrzehnten des Dreißigjährigen Krieges wenig Interesse. Gleichzeitig brachten immer neue Siedler das akademische Freidenken der Niederländer und ihre religiöse Liberalität in die Stadt. So war New York schon früh die freizügigste Siedlung der Neuen Welt, in der jeder, der dort zu leben imstande war, werden konnte, wer er sein wollte. Dass sie auch die ignoranteste war, in der sich niemand darum scherte, was der andere tat, ist die Kehrseite dieses frühen aufklärerischen Erbes, das für eine Bevölkerungsgruppe allerdings nicht galt: die Sklaven, die hierher verschleppt worden waren, die erste Schiffsladung bereits 1620 von Peter Stuyvesant.

In den Geschichtsbüchern, die jene Gründerjahre beschreiben, kann man lesen, dass der Broadway sich bereits 1626 als Pfad durch die dichten Wälder der Insel schlängelte, in etwa in derselben Bahn, in der er sich heute noch quer legt zum knapp 200 Jahre später angelegten ordentlichen Straßenraster. Auch wird die Stadt schon in den späten 30er-Jahren des 17. Jahrhunderts von der ersten Währungskrise heimgesucht, als Nieuw Amsterdam von einer Flut minderwertiger Perlenketten, der damaligen Hauptwährung, überschwemmt wurde. Der früheste Bericht über die immensen Lebenshaltungskosten stammt aus dem Jahr 1649. Damals konnte ein Farmer in Manhattan eine einjährige Sau für 20 Gulden verkaufen, während die Sau in Boston nur zwölf Gulden einbrachte. Das Verhältnis dürfte heute ungefähr dasselbe sein.

Einer der ersten Holländer in Manhattan muss eine Münze mit der eingeprägten Jahreszahl 1590 aus seiner Heimat mit in die Kolonie gebracht haben. Archäologen haben sie vor einigen Jahren im südlichen Manhattan aus der Erde gewühlt. Wie immer mussten sie, um ein Stück Vergangenheit zu bergen, schnell sein und den kurzen Augenblick nutzen, in dem ein Loch im Boden klaffte, nachdem ein Haus niedergerissen worden war und bevor das Fundament für ein neues gegossen wurde. Es war ein glücklicher Fund. Denn er zeigte, dass auch unten, im Dreck, noch Geld zu holen ist.

Wer die Geschichte New Yorks erfassen will, muss sich damit begnügen, was auf und unter den Straßen herumliegt. Ein großes Stadt- und Gründungsepos, das von Ehre und Ruhm kündet, wie es anderer Städte Stolz ist, gibt es über New York nicht. Die Archive New Yorks sind dafür voll von Akten über Krisen, Verbrechen und Korruption. Ihr korruptester Politiker, William »Boss« Tweed, dessen Karriere in der Zeit des Bürgerkriegs begann, hat sich sogar ein Denkmal gesetzt, ausgerechnet mit einem Gerichtsgebäude. Heute noch trägt das Tweed Court House seinen Namen, auch wenn darin inzwischen die Schulbehörde untergebracht ist. Die Heldengeschichten hingegen strahlen nicht sehr weit, denn sie haben alle eine dunkle Seite, wie auch die der Holländer, die ganze Indianerdörfer niedermachten, während sie die Grundlagen des freiheitlichen Amerika legten. Was in New York heroisch erscheint, nämlich die Häuser, die am Himmel kratzen, entstand wenn nicht aus Gier, so bestenfalls aus der Lust am Wettbewerb. Und die Helden New Yorks, etwa die irischen Feuerwehrmänner, sind die Nachkommen gewalttätiger Banden, die in der Zeit des Bürgerkriegs berüchtigt waren.

Damals, in der zweiten Hälfte des 19. Jahrhunderts, verhießen die Namen der Stadtviertel, *Gates of Hell* etwa oder *Pigtown*, nichts Gutes. Es waren gottlose Gegenden, in denen herrenlose Schweine herumliefen und die Betrunkenen in der Gosse anknabberten und manchmal auch fraßen. Die Stadtregierung war so korrupt, dass die konkurrierenden

Banden freies Spiel hatten. Fast jeder, vor allem jeder Schwarze, war vogelfrei. Denn obwohl die Sklaverei in New York bereits 1799 offiziell abgeschafft worden war – tatsächlich geschah das erst 1827 – und die Stadt als Hochburg der Abolitionisten galt, blieb sie doch rassistisch bis in den letzten dreckigen Winkel. Vor allem Downtown, wo sich alle Einwanderer zunächst trafen. Arbeit fanden die Schwarzen, die um 1860 etwa zwei Prozent der New Yorker Bevölkerung stellten, nur unter ihresgleichen, in den Schlachthöfen am Hafen zum Beispiel. Dort schippten sie die zerstoßenen Knochenreste, Köpfe und unverwertbaren Eingeweide des Schlachtviehs in die Bucht. Dennoch fühlten sich die europäischen Immigranten von ihnen bedroht, allen voran die Iren. Sie waren auf choleraverseuchten Schiffen, fliehend vor der großen irischen Hungersnot, in den New Yorker Hafen gespült worden und kämpften ums Überleben. Wenn man heute durch die Lower East Side spaziert und durch Greenwich Village, die am dichtesten besiedelten Viertel der damaligen Zeit, kann man nicht einmal mehr ahnen, dass damals die Kanalisation bei Regen das Blut aus den Schlachthäusern wieder auf die Straßen spuckte, auf denen die Menschen in Pferdewagen oder zu Fuß unterwegs waren, oder dass die privaten Feuerwehren sich um die Hydranten schlugen und darüber jeden Brand vergaßen. Nur das Wetter war damals schon wie heute, im Sommer also heiß. Und es war sehr heiß, als im Juli 1863 die schrecklichsten Unruhen ausbrachen, die New York je erlebt hat.

Der Aufstand der Iren gegen die allgemeine Wehrpflicht, die Abraham Lincoln im Bürgerkrieg nach seinem unter grauenvollen Opfern erkämpften Sieg in Gettysburg ausgerufen hatte, ist unter dem Namen *draft riots* in die Geschichte eingegangen. Doch die Wehrpflicht war nur der Anlass der Unruhen. Innerhalb weniger Stunden schwenkte die Wut der Aufständischen um und nahm die Schwarzen ins Visier. Es ist nicht bekannt, wie viele von ihnen den Lynchmorden zum Opfer fielen, 120 waren es auf jeden Fall, manche Quellen sprechen sogar von 2000. Doch diese Zahl ist unwahrscheinlich. Erst als am dritten Tag das Militär aufmarschierte, beruhigte sich die Lage. Anschließend zog ein Großteil der afroamerikanischen Bevölkerung Manhattans über den Fluss nach Brooklyn. Die Polizei immerhin hatte einige heroische Momente und schützte 200 schwarze Waisenkinder vor der aufgebrachten Menge. Die konkurrierenden Feuerwehren hingegen waren Teil des Mobs. Nach den Unruhen, an denen sie mörderisch beteiligt waren, wurden sie der Stadtverwaltung unterstellt; eine Neigung zum Martialischen ist ihnen immer geblieben.

Aber die Feuerwehr stellte auch die Helden des 11. September 2001, die in unermüdlichem Einsatz versuchten, erst aus den brennenden Türmen des World Trade Center, in die Terroristen zwei Passagiermaschinen geflogen hatten, so viele Menschen wie möglich zu retten und nach dem Zusammenbruch der Twin Towers dann aus deren Trümmern zu bergen, was von den vielen Opfern übrig war. Bis heute werden die *»New York's Bravest«* gefeiert, und an fast jeder Feuerwache finden sich noch Fotos der Kollegen, die ihren Einsatz damals nicht überlebten.

Auch um das, was im unsichtbaren Bauch New Yorks vor sich geht, ranken sich zahlreiche Geschichten – etwa von verlassenen Subway-Stationen, in denen prächtige Mosaiken die Wände zieren und die Bahnsteige von Kronleuchtern illuminiert waren, wie in einer Geisterhaltestelle unter dem Rathaus, die heute noch besichtigen kann, wer den Zug der Linie 6 an der Endstation nicht verlässt, sondern die Wendeschleife mitmacht. Es gibt alte Fotografien von einem Geheimgang unterhalb des Grand Central Terminal, der das Waldorf Astoria Hotel direkt mit dem Bahnhof verband und einst Franklin D. Roosevelt dazu verholfen haben soll, unerkannt den Zug nach Washington zu besteigen. Alte New Yorker erzählen heute noch Geschichten von den *mole people*, den Obdachlosen, die in einem stillgelegten Tunnel unter dem Riverside Park eine veritable Kleinstadt mit Küchen in den Wartungskammern und Hütten neben den Gleisen bewohnten, bis sie kurz vor der Jahrtausendwende von Ordnungshütern vertrieben wurden, und ich erinnere mich an Bilder von dem Hundekadaver, der den Abstieg in diesen Tunnel, den Freedom Tunnel, bewachte.

Dokumentiert sind die Geisterstationen und verlassenen Tunnel im Buch einer Fotografin, die in einem nicht mehr benutzten Tunnel mit elegant gekleideten Gästen und in einem Meer von Kerzen Séancen veranstaltete. Auch den Eingang zu einem labyrinthischen Passagensystem unterhalb der gefährlichsten Straßenbiegung New Yorks, der Doyers Street, hat sie fotografiert. In dieser Gasse, die geografisch »unten« liegt, in Chinatown, sollen so viele Menschen gewaltsam ums Leben gekommen sein, dass sie als *Bloody Angle* in die Stadtgeschichte einging. Hier sollen auch die Katakomben von Five Points gelegen haben, von denen so viele Bücher erzählen und die Martin Scorsese für seinen Film *Gangs of New York* in der römischen Cinecittà nachbauen ließ.

Der Untergrund New Yorks ist so unübersichtlich, so unbekannt in seinen Dimensionen wie in den Details und so weit jeder Kontrolle entzogen, dass sich nicht nur ungezählte Legenden um die Welt jenseits des Sichtbaren spinnen, sondern auch immer wieder Einzelne oder Gruppen dem Drang nachgeben, selbst zu schauen, was da ist. Eine dieser Gruppen von *urban explorers* hat in einem Buch ihre Abenteuer beschrieben. In Anzug oder Cocktailkleid, die Augen stets hinter dunklen Sonnenbrillen verborgen, versuchten diese Entdecker, an Orte vorzudringen, die in New York *off limits* lagen. Sie waren die Dandys einer Bewegung, die sich von herkömmlichen Archäologen durch so ziemlich alles unterscheiden, was sie tun und was sie interessiert. Was sie tun, ist in der Regel illegal und mit nicht immer kalkulierbaren Gefahren verbunden. Was sie interessiert, liegt jenseits aller Wissenschaft. Worum es geht, ist die Aktion.

Ihre Leidenschaft entzündet sich an Gebieten, die sie als letzte Herausforderung des modernen Entdeckers ausgemacht haben, Grenzbereiche der Zivilisation an den Rändern der Stadt. Dazu gehören die Leitungssysteme der Wasserversorgung ebenso wie die Brückenaufhängungen und die Dächer der Wolkenkratzer. Von den gewundenen Innereien der Stadt in den Tunneln hinauf durch zerfallende Gebäude bis zu den höchsten Außenposten New Yorks wollen sie steigen, um von der Hölle des Untergrunds aus über das Purgatorium verlassener Seuchenstationen und Hospitäler zu ebener Erde das Paradies hoch über der Stadt zu erreichen. Natürlich war auch das dünne, superhohe Wohnhaus mit der Adresse 432 Park Avenue (was geschummelt ist, denn der Eingang liegt in der 56. Straße) Ziel der illegalen Entdecker. Das Haus mit seinen 425,5 Meter Höhe wird in New York nur noch von dem Wolkenkratzer mit der Adresse One World Trade Center überragt. Dessen Höhe sollte symbolisch sein: 1776 *feet,* nach der Jahreszahl der amerikanischen Unabhängigkeit. Dass 541 Meter Höhe mehr Platz für Immobiliengeschäfte bieten als 100 Meter weniger, ist natürlich niemandem entgangen.

Die neuen Hochhäuser, die nach dem Anschlag des 11. September entstanden, sind die bevorzugten Ziele der Urban Explorers geworden, die ihre spektakulärsten Fotos auf Instagram veröffentlichen und dort eine eigene Community bilden.

Die Exkursionen in den Untergrund New Yorks hingegen sind rar geworden. Wegen der allgemeinen Terrorgefahr ist die Polizei streng und hat fast alle Eingänge in das Tunnelnetz dicht gemacht.

Anders als die halb illegalen Stadtentdecker arbeiten die Archäologen, die es in New York auch gibt, meistens bei Tage, meistens legal und niemals im Cocktailkleid. Ihre wichtigsten Funde sind die Überreste der Toten – zum Beispiel ein Skelett, das auf Bitten des Papstes im Jahr 1990 bei einer Exhumierung auf dem Kirchhof von Old St. Patrick's in der Mott Street gesucht und auch gefunden wurde. Papst Johannes Paul II. wollte einen Schwarzen heiligsprechen, und die Wahl war auf den Sklaven und Friseur Pierre Toussaint gefallen. Toussaint hatte im frühen 19. Jahrhundert großzügig an die Kirche gespendet, und als er seine Freiheit hätte kaufen können, kaufte er statt seiner selbst andere Sklaven frei. Er hinkte, so viel wusste man außerdem. Die Archäologen bargen tatsächlich ein Skelett, das Spuren von Arthritis trug. Toussaint, sollte er es denn sein, liegt seitdem in der Krypta der St. Patrick's Cathedral an der Fifth Avenue, und die Gläubigen warten darauf, dass er ein Wunder vollbringt, wie es von Heiligen erwartet werden darf.

Vielleicht liegt es an all dem, was unten ist, dass die New Yorker Hochhäuser nicht nur bauen, sondern auch lieben. Nicht alle allerdings und nicht zu jeder Zeit. Als vor einigen Jahren die obersten Stockwerke des Woolworth Building, 1913 als damals höchstes Haus der Stadt fertiggestellt, in Luxusresidenzen umgewandelt und für Unsummen vermutlich an Milliardäre verkauft wurden, die einen großen Teil ihrer Zeit andernorts verbringen, war die Verbitterung unter vielen New Yorkern groß. Auch dass die meisten der neuen Hochhäuser spektakulär vor allem deswegen sind, weil berühmte Architekten sie auf winzigen Grundstücken in bizarren Formen gen Himmel schicken und immer neue Preisrekorde für die wenigen Wohnungen gebrochen werden, die sie beherbergen in einer Stadt, in der Wohnraum extrem knapp ist, lässt viele New Yorker verzweifeln. Sie wollen nicht, dass ihre Stadt ein Ort nur noch für Superreiche wird. Eine Wohnung zu kaufen können sich nur noch Millionäre leisten. Und die Mieten in der Stadt sind zwischen den Jahren 2000 und 2014 um 75 Prozent angestiegen. Die Löhne nicht.

Das Wahrzeichen, das die Menschen in der Stadt als ihres ansehen, ist das Empire State Building an der Fifth Avenue zwischen der 33. und der 34. Straße. Seine Spitze ist bis zwei Uhr früh erleuchtet und an fünf Feiertagen im Jahr sogar die ganze Nacht. Jede Veränderung am Leuchtsystem wird registriert. Inzwischen ist es eine LED-Anlage, die angeblich 16 Millionen verschiedene Farben produzieren kann, was einem Feuerwerk gleichkommt, das selbst in New York von einem echten Feuerwerk etwa am Nationalfeiertag des 4. Juli nicht zu überbieten ist.

Für die New Yorker ist der Blick nach oben zur Spitze des Empire State Building eine Selbstversicherung. Sie schauen hoch in die Farben des Lichts, das im Dezember rot und grün, im Frühjahr gelb und weiß, für die Iren zum St. Patrick's Day grün oder als Spendenaufruf für irgendeinen guten Zweck rosa oder petrolfarben leuchtet, und sie sehen ein geheimes Zeichen des gesellschaftlichen Zusammenhalts.

Als die Schauspielerin Fay Wray starb, wurde eine Viertelstunde lang das Licht zu einem schwachen Schimmer heruntergedreht. Fay Wray war im Jahr 1933 als Jane, der blonde Schwarm von King Kong, in dem gleichnamigen Film weltberühmt geworden, und weltberühmt ist auch das Bild des Affen, der auf der Spitze des Empire State Building in 443 Meter Höhe auf seiner riesigen Handfläche aus Pappmaschee die zappelnde Fay Wray über den Abgrund hält.

Im städtischen Chaos und der ständigen Veränderung gibt die Spitze des Empire State Building, das 1930 in der Rekordzeit von etwas mehr als einem Jahr gebaut wurde (ein Tempo, das fünf Arbeiter das Leben kostete), den New Yorkern so viel wie kein anderes Objekt in ihrer Stadt: Orientierung, Stolz und auch Sicherheit – weil sie, gemessen an der Schnelllebigkeit der Stadt, so lange schon leuchtet. Wer etwas davon spürt, wenn er zu ihr hinaufschaut, ist schon ein wenig zu Hause hier.

Jack Brod, der letzte Mieter, der von Anfang an im Empire State Building seinen Geschäften nachging, starb im Januar 2008. Er wurde 98 Jahre alt, und die *New York Times* schrieb in ihrem Nachruf, Brod habe sich *King Kong* seit 1933 mindestens zweimal im Jahr angeschaut. Er habe so viele Berühmtheiten getroffen, die das Empire State Building seit seiner offiziellen Einweihung am 1. Mai 1931 besucht hätten, dass er sich nie sicher gewesen sei, ob er nicht auch der Königin von England die Hand geschüttelt habe. Zwei Monate nach der Eröffnung war er mit seinem Vater in das Gebäude eingezogen, um in der Depressionszeit ein Geschäft zu eröffnen, das einigen Gewinn versprach: ein Inkassobüro, das bei säumigen Schuldnern Geld eintrieb. Zu jener Zeit hieß das Empire State Building bei den New Yorkern »Empty Space Building«; Mieter machten sich rar, und oberhalb des 14. Stocks waren die Innenräume noch gar nicht fertig. Brod zog mit seinem Vater ins siebte Stockwerk. Im Lauf seines langen Lebens arbeitete er sich immer weiter nach oben, und am Ende war er im 76. angelangt. In der Zwischenzeit hatte sich seine Miete verdreißigfacht, waren sämtliche 6379 Fenster des Gebäudes erneuert, und Brod selbst, der inzwischen mit gebrauchtem Schmuck und Diamanten handelte, war mindestens einmal ausgeraubt worden und hatte bei anderer Gelegenheit einem Einbrecher ins Bein geschossen. Eine seiner erfolgreichen Geschäftsideen im Zeitalter vor dem Internet soll die gebührenfreie Telefonnummer *dial-a-diamond* gewesen sein. Sie existiert als Website weiter. Und dass er Verlobungsringe verkaufte, deren Rücknahme er garantierte, sollte die Braut vor Ablauf von zwei Monaten ihre Meinung ändern, hat ihm viele Freunde gemacht.

Zu seinen Ehren und zu Ehren all des Goldes und der Diamanten, die er hier verkauft hatte, erstrahlte die Spitze des Empire State Building, als er 85 wurde, für einen Abend in goldenem Licht.

Knapp hinter dem Empire State Building folgen auf der Beliebtheitsskala der New Yorker das Chrysler und schließlich das älteste Gebäude, das Woolworth Building, allesamt Wolkenkratzer, deren Bau Generationen zurückliegt. Jedes dieser Häuser war einmal das höchste Gebäude der Welt, und jedes dieser Häuser ist mit dem Ziel gebaut worden, diesen Titel für eine sehr viel längere Zeit zu tragen, als es dann der Fall war. Mit allen anderen hohen Häusern haben sie gemein, dass sie den Abstand zwischen unten und oben dehnen und dass wir oben stehend vielleicht vergessen können, was unterm Grund begraben liegt.

6000 Hochhäuser gibt es in New York, und die Geschichte der neueren erzählt nicht mehr von den technischen Errungenschaften, von Aufzügen und Stahlrahmen, die es möglich machten, auf der schmalen Felsinsel Manhattan so viele Menschen übereinanderzustapeln, wie es zuvor undenkbar war. Nachdem sich die Verwundbarkeit dieser nicht nur praktischen, sondern oft auch prahlerischen Architektur gezeigt hat, sprachen Architekten und ihre Auftraggeber, die in New York weiterhin hoch hinauf bauen wollten, für eine Weile von Hochhäusern als Symbolen des Optimismus. Inzwischen bauen sie wieder hoch, weil es sich lohnt. 2016 wurden zum ersten Mal für ein Penthouse in Manhattan mehr als 100 Millionen Dollar bezahlt. Das ist kein Zeichen mehr für technischen Fortschritt oder Optimismus, sondern für Angeberei.

Früher waren die Symbole grandioser. 432 Park Avenue, inspiriert von einem österreichischen Abfalleimer, wird kein Wahrzeichen werden. Frank Gehrys blauroter Wohnturm in der Spruce Street, Norman Fosters Wohnturm neben den Vereinten Nationen, die zu Wohnzwecken spektakulär übereinandergestapelten Schachteln von Herzog & de Meuron an der Leonard Street oder die versetzten 24 Etagen von Rem Koolhaas an der 22. Straße – sie alle sind gewiefte Entwürfe, aus zum Teil winzigen Grundstücken das meiste herauszuholen, was in all diesen Fällen heißt: Höchstpreise für Luxusappartments. Aber es sind Häuser, die nicht hinein in die Stadt strahlen, zu der sie gehören. Vielleicht liegt es daran, dass die meisten Menschen, die es sich leisten können, diese Wohnungen zu kaufen, keine New Yorker sind. Die Etagen mit den phantastischen Blicken aus den Fensterfronten in den Türmen der weltberühmten Architekten sind Heimat nur für ihr Geld geworden, das anderswo deutlich weniger abwirft. Internationale Investoren, deren Identität die Klatschmedien manchmal ausplaudern, die aber meistens versuchen, hinter Strohfirmen verborgen zu bleiben, kaufen Immobilien hier, weil sie damit rechnen können, dass die Preise immer weiter steigen. Aber ihre Paläste stehen meistens leer.

Deshalb ist es unwahrscheinlich, dass einer dieser spektakulären Türme ein neues Wahrzeichen wird. Das schafften bisher nur die alten, und die stehen ja noch. Die Spitze des Chrysler Building an der Lexington Avenue in Höhe der 42. Straße ragt immer noch in die Wolken wie im Jahr 1930, als es sich für einige Monate, bis das Empire State Building vollendet war, das höchste Haus der Welt nennen konnte. Ich bin immer wieder überrascht, wenn dieses Monument des Automobilzeitalters vor mir auftaucht und sein stromlinienförmiges Dach in der Sonne blitzt – verblüfft über die Musikalität, die Unverschämtheit und die Perfektion dieses Art-déco-Gebildes und beglückt von dem Swing, der dann in der Luft liegt, und ich wäre nicht überrascht, durch die offenen Türen einer Bar dort aus dem Radio tatsächlich einen Song von Duke Ellington zu hören, wenn ich gerade vorbeigehe. Lange haben sich die Kritiker darüber gestritten, ob sich der Architekt William van Alen und Walter Chrysler, der Automagnat, bei diesem Bau vom deutschen Expressionismus oder vom Vergnügungspark in Coney Island inspirieren ließen. Diese Frage habe ich mir nie gestellt. Glanz, Ornament und Überfluss, sie tanzen im Chrysler Building, im Foyer wie auf dem Dach, und singen von Coney Island.

Von der Erregung, am Fuß dieser Hochhäuser zu stehen und einen Augenblick nach oben zu schauen und zu sehen, wo New York aufhört und der Himmel beginnt, ahnt nichts, wer in der Subway unterwegs ist. Das sind auf den 400 Kilometer langen Gleisen an jedem Wochentag immerhin mehr als fünfeinhalb Millionen Menschen.

Von allen Orten und Institutionen New Yorks ist die Subway die demokratischste. Vor ihr ist jeder gleich, vor ihren Klimaanlagen, ihrem Rütteln und Rumpeln. Jeder benutzt sie. Auf den Bahnsteigen treffen Sie alle Hautfarben und jede Altersgruppe, Sie können auf einer einzigen Fahrt Russisch, Französisch, Hindi, Arabisch, Spanisch natürlich und Farsi hören und dennoch von lauter New Yorkern umgeben sein.

Noch in ihren übelsten Zeiten, in den 70er- und 80er-Jahren, als die Subway verdreckt war und gefährlich, unregelmäßig oder gar nicht klimatisiert und als alles dafür sprach, dass sie mit dem Rest der Stadt untergehen würde, fuhr sie mit einiger Verlässlichkeit rund um die Uhr.

Inzwischen halten neue Wagen in renovierten Stationen. Die hölzernen Drehkreuze, in die sich die Abdrücke von Millionen Hüften geprägt hatten, die ledernen Haltegriffe, gegerbt von den Händen einiger Generationen von Fahrgästen, die sich an sie klammerten, wenn der Expresszug durch die kurvigen Tunnel fegte, sie alle sind lange verschwunden und wurden durch Chrom ersetzt. Die Linie unter der Second Avenue, deren Pläne ins Jahr 1919 zurückreichen und an deren Eröffnung schon lange niemand ernsthaft mehr glaubte, hat inzwischen die ersten Stationen für Reisende freigegeben. Mit blitzenden Rolltreppen, riesigen Aufzügen und ultramodernen Bahnsteigen mit Displays aller relevanten Informationen zeugen diese sehr weit unter der Erde liegenden Haltestellen vom unbedingten Willen New Yorks, den Anschluss an die Zukunft des öffentlichen Verkehrswesens nicht zu verpassen.

Und dennoch: Dass die New Yorker Subway auf allen anderen Strecken im Frühjahr 2004 100 Jahre alt wurde, lässt sie einen spüren. Sie ächzt. Sie rumpelt. Sie bleibt manchmal mitten auf der Strecke stehen, um dann in wahnsinnigem Tempo halb durch die nächste Station zu rasen, bis sie wiederum zum Stehen kommt. Ob sie pünktlich ist, weiß niemand genau zu sagen.

Als ich 1995 nach New York zog, war mir die Subway ein wenig unheimlich. Die steilen Treppen hinab zu den Stationen erschienen mir wie der Gang zum Höllentor, das an den Drehkreuzen erreicht war. Höllisch im Sinne von gefährlich war die Subway damals nicht mehr, nur waren die Bahnsteige heiß und stickig und fremder als der Verkehr über Tage. Es war eines meiner ersten selbst gesetzten Ziele, mich im Subway-Netz bewegen zu lernen. Dazu gehörte, die verschiedenen Linien zeitökonomisch miteinander zu verknüpfen und die Umsteigehaltestellen vom lokalen in den Expresszug und von einer in die andere Linie zu kennen. Dann kamen die Bahnsteige dran. Waren sie lang und der Ausgang am südlichen Ende, oder hatten sie mehrere Ausgänge, sodass sich Fußwege sparen ließen, wenn man in den richtigen Wagen einstieg und am angepeilten Ausgang herauskam? Lagen die Gleise der verschiedenen Linien übereinander oder nebeneinander, gab es Ausgänge, die nachts verschlossen wurden? Jeder New Yorker, der nicht ausschließlich mit Chauffeur unterwegs ist, hat diese Phase der stotternden Verkehrsteilnahme hinter sich, und jeder New Yorker schaut, wenn diese Zeit längst vorbei ist, immer wieder auf den Subway-Plan, um sich zu vergewissern, dass er die Wege noch kennt.

Die Subway ist neben einem Transportmittel natürlich auch ein ganz besonderer sozialer Ort. *»Next stop is the station formerly known as Prince Street«*, rief der Zugführer einmal durch sein knarzendes Mikrofon, um die Haltestelle in SoHo anzukündigen, zu einer Zeit, als jeder die Anspielung auf den Popstar verstand. Wahrscheinlich hatte er diesen Witz schon häufiger gemacht, aber ich hörte ihn zum ersten Mal und war perplex und vernahm auch ein anerkennendes »Wow« aus einer Gruppe afroamerikanischer Jugendlicher, die sich auf den schmalen Sitzschalen lümmelten und in die Runde blickten, ob wir anderen ebenfalls beeindruckt waren. War es derselbe Zugführer, der Jahre später, als Prince bereits tot war, beim Einfahren in diese Station in einem melancholischen Singsang bekannt gab: *»Prince Street. Prince! We miss you dearly.«* Ein anderer empfahl kürzlich: »86. Straße, steigen Sie aus, bei Banana Republic ist Ausverkauf«, nachdem er bereits auf Zabar's hingewiesen hatte, den Feinkostladen mit großem koscheren Angebot. Wer die Subway benutzt, verbringt täglich einige Zeit in der Gesellschaft ihm völlig Fremder, zu denen eben auch der Zugführer gehört. Neugierde und Toleranz gehören damit notwendig zu den besten Eigenschaften, zu denen das Subwayfahren in New York erzieht, Aggression und Erschöpfung zu den weniger beliebten.

Doch manche New Yorker hören eines Tages einfach auf, die Subway zu benutzen. Sie steigen um in den Bus, und wer vor allem von West nach Ost, also *crosstown,* unterwegs ist, hat sowieso keine andere Wahl. Im Bus ist es sauberer, die Fahrgäste kommen zum großen Teil aus dem Mittelstand, sie sind meistens älter und weniger am schnellen Vorwärtskommen interessiert. Sie genieße es, nicht unter der Erde zu sein, erzählte mir eine Freundin, die irgendwann anfing, die Subway zu meiden, was sie sich bis dahin nie hatte vorstellen können. »Ich sehe, wohin ich fahre«, war ihr unschlagbares Argument, auch wenn es länger dauert. Alles ist anders als in der Subway. Im Bus unterhalten sich Fremde miteinander. Falls Sie eine Auskunft zur Strecke brauchen oder kein Kleingeld für den Fahrschein oder Probleme mit der Metrocard haben, treffen Sie vielleicht auf Hilfsbereitschaft. Der entscheidende Vorteil des Busses gegenüber der Untergrundbahn ist aber ein anderer: Sie sehen, wer Sie fährt. Sie sind nicht blind einem Zugführer ausgeliefert, der vielleicht spaßig aufgelegt ist, vielleicht aber auch ärgerlich die Bremsen traktiert. Sie müssen keine Wachträume von führerlosen Bahnen fürchten, die ungesteuert durch die Tunnels rasen. Im Bus sehen Sie den Fahrer und können sich der Illusion hingeben, er und ein bisschen auch Sie selbst kontrollierten den Verkehr.

Das Grundstück von Ground Zero

Als im Frühjahr 2002 die Bergungsarbeiten auf Ground Zero abgeschlossen waren, lag die Grube, aus der einst die Zwillingstürme des World Trade Center ragten, etwa acht Stockwerke tief vollkommen ausgeräumt da. Ein paar Tage lang konnte man ins zentrale Nervensystem New Yorks blicken. Es war eine einmalige Gelegenheit, weil die Baustelle so riesig war und das ganze Ausmaß der Zerstörung des Terrorakts für die Weltöffentlichkeit noch einmal sichtbar wurde, bevor sich die Grube wieder schloss.

Aus den Betonwänden, welche auf der einen Seite das herandrängende Wasser des Hudson zurückhalten und auf der anderen die umliegenden Straßen vor dem Einsturz stützen sollten, streckten sich abgebrochene Stahlgestänge ins Freie. Daneben knäulten sich mannsdicke Kabel aus den Wänden, manche mehr als 100 Jahre alt. Nachdem im Zuge der Elektrifizierung der Stadt in den 80er-Jahren des 19. Jahrhunderts die Straßen zunächst oberirdisch mit den Masten der verschiedenen Stromgesellschaften vollgestellt worden waren, verschwanden die Leitungen einige Jahrzehnte später im Untergrund, aus dem sie nun wieder hervorquollen. Zuverlässige Pläne darüber, welche Kabel wo verlaufen, haben sich bis heute nicht gefunden. Von der Subway, die unter dem World Trade Center gehalten hatte, und ihren Tunneln waren nur ein paar Schienenstränge geblieben, und gezirkelte Löcher in den Grubenwänden zeigten an, wo einst Rohre von mehreren Meter Durchmesser die Wasserversorgung garantiert hatten. Breitbandkabel lagen neben alten Stromleitungen, Fiberglas über rostigen Schienen, Gas- und Dampfleitungen unmittelbar oberhalb von Abflussrohren.

Hier hatten sich die Verkehrsströme mit dem Datenfluss gekreuzt, in einem undurchschaubaren Drunter und Drüber aus Alt und Neu, Funktionslos und Aktiv: Ein Stück des Labyrinths, das unterhalb des Asphalts die Versorgung der Stadt und den Transport regelt, war ausgeweidet. Kurz darauf begannen die Bauarbeiten für das neue Zug- und Subway-Drehkreuz, das der spanische Architekt Santiago Calatrava wie eine mit ausgebreiteten Flügeln gerade gelandete schneeweiße Friedenstaube an diese Stelle setzte, eine Friedenstaube, die nach Fertigstellung allerdings eher einem gewaltigen Albatros gleicht. Ein Memorial mit zwei riesigen Pools mit Wasserfällen, eingefasst in Granit mit den Namen der Opfer des 11. September 2001, von Bäumen umgeben, erinnert daneben an den Anschlag. Im Untergrund erzählt ein Museum, was damals geschah.

Was war früher hier gewesen, vor den Türmen? In anderen Städten beantwortet diese Frage ein Blick ins Grundbuch. Hier nicht. Der Boden, auf dem das World Trade Center stand, war eigens dafür geschaffen worden. Was vorher war, wurde enteignet, abgerissen, platt gemacht. Die Geschichte von Ground Zero, bevor er ein Massengrab wurde und ein Mahnmal für alle, die hier starben, muss man sich zusammensuchen und ein bisschen auch zusammenphantasieren. Auf diesem Grundstück verdichtet sich, was New York so einzigartig macht – die Verbindung von Geschäft und Geschichte, von Rücksichtslosigkeit und Wohltätigkeit, von

Träumerei und Brutalität. Je näher man hinschaut, desto engmaschiger wird das historische Gewebe, das diesen Boden durchzieht – die Holländer haben ihre Finger im Spiel als Seefahrer und frühe Immobilienhaie, elektronische Geräte spielen eine Rolle, das Verteidigungsministerium, die Rockefellers und die Hafenbehörde.

Manchmal gibt es glückliche Funde auch dort, wo Tausende starben. So wurde in der Baugrube von Ground Zero eine erstaunliche Entdeckung gemacht. Was dort zum Vorschein kam und aussah wie der wurmzerfressene Rippenbogen eines Riesenwals, waren Reste eines Segelschiffs, die 200 Jahre lang gut konserviert in der Erde gelegen hatten. Sie gehörten zu einem Handelsschiff von etwa 20 Meter Länge mit zwei Masten, so erklärten Archäologen, und bald fanden sie auch die Route heraus, die das Schiff einst befuhr. Es pendelte offenbar entlang der Atlantikküste von Nova Scotia zu den Westindischen Inseln, brachte Getreide, Gemüse und Vieh nach Barbados und kehrte von dort mit Zucker, Sirup und Rum zurück. Das Ernährungsverhalten schon der frühen Amerikaner scheint lausig gewesen zu sein. Das war im 18. Jahrhundert, als der New Yorker Hafen sich zu einem der wichtigsten der damals bekannten Welt entwickelte. Das World Trade Center, das später über diesen Schiffsresten errichtet wurde und 25 Jahre lang auf ihnen stand, lag aber gar nicht am Meer. Wie kam das Schiff an diesen Ort? Die Antwort führt an den Anfang der Geschichte des Grundstücks.

New York steht auf Stein und auf Schutt und Lower Manhattan, wo das Grundstück liegt, vor allem auf Letzterem. Mehr als 30 Meter mussten die Arbeiter beim Legen der Fundamente der Zwillingstürme graben, um auf festen Grund zu stoßen. Was darüberlag, war Landaufschüttung – eine Methode, mit der die Holländer den knappen Boden Manhattans vermehrt hatten. Den Leuten der niederländischen Westindien-Kompanie, die den Immobilienmarkt im frühen 17. Jahrhundert beherrschten, war aufgefallen, wie viel Land da flach unter Wasser lag und bei Ebbe, wenn es zum Vorschein kam, beinahe trocken aussah. Das verkauften sie sozusagen als Strandgrundstücke, die bedauerlicherweise bei Flut überspült wurden. Für die Käufer war das nicht praktisch, also bauten sie erst einmal eine Reihe von Stegen (die später Straßen wurden) und warfen dann für ein paar Hundert Jahre alles, was sie entbehren konnten, in die Zwischenräume – Trümmer abgerissener Häuser, tote Tiere, Schuhe, Scherben und Kanonenkugeln und ganz offenbar auch die Reste jenes Schiffs, das keinen Namen hat und das 2010 wieder auftauchte.

Es war übrigens weder das erste noch das älteste Schiff, das in Lower Manhattan aus dem Grund aufstieg. Schon 1916, als der Boden für die Subway ausgehoben wurde, die den unteren Teil Manhattans mit dem oberen verbindet und die später unter dem World Trade Center hindurchfuhr, kam ein Boot zum Vorschein. Es waren verkohlte Teile des Seglers von Adriaen Block, dem holländischen Entdecker New Yorks. Die *Tijger* ankerte, mit Fellen beladen, im Januar oder frühen Februar des Jahres 1614 im Hafenbecken des Hudson, als sie Feuer fing. Das Schiff war verloren, und Block saß mit seinen Leuten fest, allein mit den Ureinwohnern, die in der Gegend siedelten. Die Indianer entpuppten sich als freundlicher, als er hoffen durfte. Zurück in Amsterdam, berichtete Block einige Monate später von diesen wohlwollenden Wilden, und die Holländer machten das für sie Beste daraus: Sie schickten Siedler, um die sie sich dann nicht weiter kümmerten.

Mit den Landaufschüttungen an den Rändern Manhattans ging es weiter, wobei mehr als schrottreife Schiffe für den Nachschub an Schutt für das Straßenraster sorgten, das im Jahr 1811 über die Stadt gelegt wurde und dem die hügelige Landschaft, die Manhattan einst war, weichen musste. Je weiter das Land ins Meer hinausgeschaufelt wurde, in desto tiefere Wasser kam der Hafen, was der Schifffahrt außerordentlich zuträglich war. Das Grundstück des späteren World

Trade Center indessen entfernte sich mehr und mehr vom Fluss und vom Meer. Mitte des 19. Jahrhunderts lag es solide auf dem Land.

Auf der Lower West Side, die auf diese Weise entstanden war, wurde die Episkopalkirche treibende Kraft im Immobiliengeschäft. Ihr war bereits im 17. Jahrhundert vom englischen König William III. ein großes Stück Land für ein paar Weizenkörner überlassen worden. »King's Farm« hieß das Gelände, das lange Farmland blieb. 1705 erweiterte die englische Königin Anne das Gelände der Kirche auf einen riesigen Bereich, der im Süden von der Christopher Street, im Norden von der Fulton Street begrenzt war. »Queen's Farm« wurde es nun genannt; es gibt Postkarten, auf denen man hier Rinder grasen sieht. Dazu kamen Mitte des 18. Jahrhunderts Wassergrundstücke im Westen mit der Auflage an die Kirche, Straßen zu bauen.

Die Kirche war eine große frühe Wohltäterin New Yorks, sie errichtete Schulen für die Kinder der Ureinwohner und für die Nachkommen der Sklaven. Und sie vermietete billig, mit langfristigen Verträgen. Handwerker zogen in die Gegend, aus der ein Stadtviertel der kleinen Leute wurde. Mittendrin stand und steht bis heute die Kirche St. Paul's.

Westlich von St. Paul's, gerade da, wo jetzt die Gedenkstätte für die Terroranschläge liegt, entstand im 18. Jahrhundert ein Rotlichtbezirk, gegen den offenbar niemand etwas einzuwenden hatte. Prostitution ist in New York längst verboten, aber damals lebten dort angeblich an die 500 Huren und gingen ungestört ihrem Gewerbe nach, praktisch zu erreichen für die Seeleute und die Hafenarbeiter. Die Gegend hieß damals The Holy Ground. Heute denkt bei diesem Namen niemand mehr an Sex, nur noch an den Tod. Die Kneipen dort waren Treffpunkte für Revolutionäre, und im September 1776, kurz nach George Washingtons verheerender Niederlage in Brooklyn, in deren Folge die Briten Manhattan zurückeroberten, brach hier ein fürchterliches Feuer aus. Möglicherweise war es Brandstiftung; das vermuteten jedenfalls die Briten und hängten einige Männer auf, die sie damit in Verbindung brachten. Das Feuer fraß sich in alle Richtungen und zerstörte ein Viertel aller Gebäude, die New York damals umfasste.

Zwischen 1840 und 1970 machte das Grundstück, was seine Form angeht, keine Veränderungen durch. 16 Straßenblöcke waren auf ihm entstanden, begrenzt von Liberty, Church, West und Barclay Street, in denen sich seit den frühen 20er-Jahren des 20. Jahrhunderts vor allem Betriebe niederließen, die mit der erst kürzlich entwickelten Radiotechnik Geschäfte machten. Harry Schneck gab 1921 mit der Eröffnung seines Ladens City Radio auf der Cortland Street den Startschuss für die fieberhafte Entwicklung der Gegend, der auch die Weltwirtschaftskrise nicht viel anhaben konnte. Neue Radios waren teuer, weil die marktbeherrschenden Unternehmen, damals NBC und RCA, hohe Lizenzgebühren verlangten. Eigenbau war die Alternative, und alles, was man dazu brauchte, fand sich in jenem Viertel, dessen Boom erst durch den Kriegseintritt der Vereinigten Staaten 1941 einen Dämpfer erfuhr. Das Verteidigungsministerium konfiszierte große Teile der Lagerbestände, weil die Streitkräfte alle Radio- und Elektronikteile benötigten, die zu bekommen waren. Nach dem Krieg landete die Überschusselektronik der Armee dann wieder in der Radio Row, wo sie zu Dumpingpreisen unters Volk gebracht wurde – ein schlechtes Geschäft für die Armee, ein prächtiges für die kleinen Händler.

Es war ein lebendiges Viertel mit etwa 900 Geschäften, das für gut 40 Jahre auf dem Grundstück lag und dran glauben musste, als Anfang der 60er-Jahre die endgültigen Pläne für das World Trade Center bekannt wurden.

Von einem World Trade Center war schon seit 1946 vor allem in den Kreisen der Rockefellers die Rede gewesen, und die verschiedenen Planungen, die sich völlig gleichgültig gegenüber den gewachsenen Strukturen der Stadt zeigten, hatten die Architekturkritikerin Jane Jacobs bereits 1961 zu ihrem Buch *The Death and Life of Great American Cities* inspiriert. Darin machte sie das Prinzip der Stadterneuerung durch Kahlschlag mit guten Argumenten nieder. Die Entscheidung über den Bau des World Trade Center beeinflusste das nicht, aber die Diskussion darüber in der Stadt schon. An die drei Jahre zog sich der Streit hin, den die Unternehmer und die Bewohner der Radio Row, unterstützt von massiven Bürgerprotesten, durch alle gerichtlichen Instanzen trieben, um ihre Zwangsenteignung und Umsiedelung zu verhindern. Vergeblich. Im April 1963 bestätigte das New Yorker Berufungsgericht, die Hafenbehörde, die das Grundstück vom Staat New York erworben hatte, habe das Recht, die Anwohner zu enteignen. Denn der Bau des World Trade Center erfülle einen öffentlichen Zweck.

Die Port Authority war einst gegründet worden, um einen Frachttunnel zwischen New York und New Jersey zu bauen. Wie und warum diese Hafenbehörde sich dazu hergab, durch den Bau eines Bürohochhauses von der beispiellosen Größe der Zwillingstürme den privaten Immobilienmarkt anzukurbeln, ist eine komplizierte Geschichte. Hier genügt es, die Beteiligten zu nennen: David Rockefeller, der Präsident der Chase Manhattan Bank, arbeitete seit Ende der 50er-Jahre daran, die heruntergekommene Gegend um das Grundstück herum in ein Finanzzentrum voller Bürotürme umzuwandeln; Nelson Rockefeller, sein Bruder, wurde etwa zur selben Zeit Gouverneur von New York und unterstützte diese Pläne mit Macht; und Alfred Tobin, der Chef der Hafenbehörde, wollte nach mehr als 30 Jahren im Dienst der Bürokratie endlich Geschichte machen. Die Pläne der Rockefellers für das World Trade Center gaben ihm dazu die Gelegenheit, während David Rockefeller umgekehrt ihn brauchte, weil die schiere Dimension des Unternehmens mit privaten Investitionen allein nicht zu bewältigen war. Die öffentliche Hand als Partner war unentbehrlich – um an das

Grundstück heranzukommen, um entsprechende Kredite abzudecken, die politische Akzeptanz zu erhöhen und um Steuern zu sparen.

Am 12. März 1966 begannen die Abbrucharbeiten in der Radio Row. 164 Gebäude wurden zerstört, 30 000 Mitarbeiter der betroffenen Elektronikläden verloren ihre Arbeitsplätze, fünf Straßen wurden geschlossen, und wo bis dahin 13 Straßenblöcke gestanden hatten, war jetzt nur noch ein Superblock. Die Reste von vielem, was dort einmal gewesen war, wanderten mit dem Aushub für die Zwillingstürme nach Battery Park City, jene riesige New Yorker Landaufschüttung im Westen des Grundstücks, auf der heute noch die drei Hochhäuser des World Financial Center stehen. Nur wenige Spuren der Geschichte, wie der Schiffsfund vom Jahr 2010, blieben tief im Boden verborgen.

Seit Juli 1973 standen dort die Türme – identisch bis auf die Antenne auf dem Nordturm. Auf die Frage, warum es zwei seien, hat ihr Architekt Minoru Yamasaki einmal geantwortet, ein einzelner in doppelter Höhe hätte menschliche Maßstäbe gesprengt. Sie waren riesig, sie waren 110 Stockwerke hoch, aber sie waren gerade noch auszuhalten, wenn man sie von fern sah oder von nah oder um sie, in ihnen herumlief. Manchmal, im Nachmittagslicht, waren sie sogar schön.

Angekommen: Wie aus Einwanderern New Yorker werden

Jeder, dem es gelingt, in dieser Stadt ein Zuhause zu finden, ist ein New Yorker. Das kann nach wenigen Monaten oder erst in der zweiten Generation passieren. Irgendwann ist es so, wie es der Radiomoderator Barry Gray einmal formulierte: Ein New Yorker ist, wer morgens aufwacht, sieht, die Stadt liegt unter Wasser, und zur Arbeit schwimmt.

Viele geborene New Yorker sagen (und nur sie dürfen das), ihre Stadt sei ein Dorf. Die Koketterie ist offensichtlich, der wahre Kern selbst für den Fremden schon nach wenigen Tagen in der Stadt auch. Denn New York setzt sich aus einer Vielzahl von *neighbourhoods,* Vierteln, zusammen, die oft nur drei und selten mehr als sieben Straßenblöcke umfassen. Mitten in der riesigen Metropole ist in den Vierteln alles nah. Einen Bagel und einen frisch gebrühten Kaffee bekommt man fast überall in Spuckweite. Einen *link* zum Aufladen des Smartphones oder zum Platzieren eines Notrufs ebenso, vieles andere auch. Manche New Yorker, heißt es, verlassen den Umkreis ihrer Wohnung niemals freiwillig und einige nur, wenn sie zu ihrer Beerdigung gefahren werden. Sie haben ja fast die ganze Welt vor der Tür. Zum Einkaufen oder Essen, zur Reinigung, zur Apotheke, Bank oder Drogerie, zum

Schuster oder zum Friseur, selbst zum Yogastudio, Fotografen, Schneider oder Fitnessklub muss niemand weit laufen, wenn er nicht ganz besondere Wünsche hat. Allein das Angebot an Restaurants ist überwältigend, sowohl in der Anzahl wie in der Vielfalt der nationalen Küchen, die sie bieten. Innerhalb dreier Straßenblöcke um meine Wohnung herum gab es ein französisches Feinschmeckerlokal, ein vegetarisches, vier japanische, ein chinesisches, ein vietnamesisches, ein griechisches, zwei italienische, ein koscheres und ein malaysisches Restaurant, dazu drei Pizzerien, ein Schnellrestaurant und zwei original amerikanische Hamburger-Läden, einer von ihnen ein wenig appetitlicher Ort, ein *greasy spoon* (schmieriger Löffel). Alle außer dem französischen Feinschmeckerrestaurant brachten, was auf ihren Speisekarten stand, auf telefonische oder elektronische Bestellung ohne Aufschlag auch nach Hause. Die Franzosen schickten auf Wunsch einen Koch und die Japaner ebenfalls.

Obwohl sich in der nationalen Vielfalt der Lokale die Zusammensetzung der Stadtbevölkerung spiegelt, trifft man hinter der Sushi-Bar möglicherweise einen Koreaner oder einen Japaner in der Küche der Griechen, welche Auswirkungen das auch immer auf die Authentizität der Speisezubereitung haben mag. Doch einige der Branchen, ohne die das New Yorker Leben erheblich schwieriger würde, sind traditionell in der Hand bestimmter Immigrantengruppen, was sich daran zeigt, dass sie deren Namen tragen: *Chinese laundry* etwa heißt eine Wäscherei selbst dann, wenn sie von Polen geführt wird; ebenso spricht man, wenn der kleine Lebensmittelladen an der Ecke gemeint ist, vom *Korean grocery store*, auch wenn ausnahmsweise Puerto Ricaner ihn rund um die Uhr geöffnet halten.

Was in den Kellern und Hinterzimmern dieser Läden, deren Dienstleistung so selbstverständlich zu funktionieren scheint, tatsächlich vorgeht, erfährt man nur manchmal aus der Zeitung. So las ich etwa eines Morgens, dass die Wäsche, die ich einige Jahre lang regelmäßig im chinesischen Waschsalon direkt in meinem Haus abgab, um sie ein paar Stunden später gegen Bezahlung weniger Dollar wieder in Empfang zu nehmen, nicht etwa von den Chinesen, die vorn bedienten, oder von ihren Verwandten, sondern von Mexikanerinnen gewaschen, getrocknet und gefaltet worden war. Im dampfenden Waschkeller werkelten 90 Stunden in der Woche mexikanische Frauen ohne ordentliche Papiere für einen lächerlichen und weit unter dem Mindestlohn liegenden Verdienst. Aber wer will das kontrollieren, und können sich die Mexikanerinnen Kontrollen wünschen? Jedenfalls staunte ich, dass sie es unter diesen Bedingungen immer noch fertigbrachten, die meisten Sockenpaare passend zusammenzurollen. Ich war erleichtert, als ich las, die Gewerkschaften hätten sich der Sache angenommen, und froh, dass in meiner nächsten Wohnung eine Waschmaschine erlaubt war. Ähnliche Enthüllungen sklavenhafter Arbeitsbedingungen hatte es vorher in der Modebranche gegeben. Einige der bekanntesten Modeschöpfer Amerikas ließen offenbar in lange schon verbotenen *sweatshops* von illegal beschäftigten, oft minderjährigen Asiatinnen nähen, was nicht sowieso schon in Asien oder Lateinamerika gefertigt wurde.

Streit zwischen verschiedenen Einwanderergruppen gibt es regelmäßig in den Lebensmittelläden, die an fast jeder Ecke neben der Grundausstattung eines kleinen Supermarkts auch frisches Obst und Gemüse – oder etwas, das durch heftiges Besprühen mit chemischen Substanzen so aussieht – und oft auch Blumen anbieten und 24 Stunden an sieben Tagen in der Woche einschließlich sämtlicher Feiertage geöffnet haben. Die meisten gehören Koreanern, und diejenigen unter ihnen, die als Familienbetrieb nicht über die Runden kommen, beschäftigen wie die chinesischen Waschsalonbesitzer häufig Mexikaner, im Lager, im Lieferbetrieb oder auch vor dem Geschäft, wo die Blumen stehen und wo sich Hitze oder Kälte fangen und Wind und Regen ebenfalls. Koreaner und Mexikaner mögen sich sowieso nicht besonders, so heißt es, und wenn sie sich im Herr-Knecht-Verhältnis begegnen, umso weniger. Immer wieder einmal gibt es bei den Gewerkschaften Proteste gegen die koreanischen Ladenbesitzer wegen zu niedriger Löhne bei zu langen Arbeitszeiten, manchmal drohen die hispanischen Nachbarn mit Boykott, oder kleinere gewalttätige Auseinandersetzungen sorgen für Aufregung. Früher waren es die Puerto Ricaner und nach ihnen die Dominikaner, die auf der untersten Stufe der Einwanderertreppe standen und am schamlosesten ausgebeutet wurden. Heute sind es die Mexikaner und die Afrikaner aus der Subsahara. Zum Aufstieg entschlossen sind sie alle, und so werden die Arbeitsplätze in den Waschküchen und draußen bei den Blumen immer wieder für die neuesten Einwanderer frei.

Beinahe 170 Sprachen werden in New York von Einwanderern aus mehr als 100 Ländern gesprochen; wenn man alle Dialekte und regionalen Unterscheidungen mitzählt, sind es sogar 800. Englisch als Mutter- oder auch als zweite Sprache sprechen dabei nur noch knapp mehr als drei Viertel der New Yorker. Fast jede Gruppe hat ihre eigenen Kirchen, ihre eigenen politischen und sozialen Organisationen, ihre Kulturveranstaltungen, ihre Klubs, Paraden und Feste; die Deutschen übrigens auch. All das sind Netzwerke, in die Neuankömmlinge sofort aufgenommen werden. Viele kaufen, was sie von zu Hause kennen, in Läden, die von Landsleuten geführt werden, und lesen Zeitungen und hören Radio in ihrer Muttersprache. Fernsehprogramme auf Koreanisch, Chinesisch, Spanisch natürlich und Hindi gibt es auch. Zweisprachige Grundschulen helfen den Kindern, vernünftig Englisch zu lernen, wenn auch in Schulen und unter Bedingungen, die selbst in einem Entwicklungsland manchmal kaum akzeptabel wären.

Am Anfang, im 17. Jahrhundert, kamen die Holländer, im 18. die Engländer. Die Iren folgten im 19. und frühen 20., wie die Deutschen, die Italiener, die Juden aus Osteuropa, Russen, Ungarn, ein paar Franzosen und Griechen. Bis nach dem Ersten Weltkrieg hatten Asiaten von wenigen Ausnahmen abgesehen in Amerika keinen Zutritt und bis in die 60er-Jahre hinein nur sehr beschränkt. 1924 wurden erstmals Länderquoten für die Einwanderung festgesetzt, wie sie bis heute jährlich neu für das gesamte Gebiet der Vereinigten Staaten errechnet werden. Am Ende des Zweiten Weltkriegs stammten drei Viertel der New Yorker ursprünglich aus Europa. Doch die Stadt veränderte sich. Nach einer erneuten Revision der Einwanderungsgesetze 1965 kamen immer mehr Filipinos und Koreaner, Vietnamesen, Inder und Pakistani nach New York, denen bald Menschen von den Westindischen Inseln, Jamaikaner, Haitianer, Dominikaner, Puerto Ricaner und Lateinamerikaner aus Mexiko und Kolumbien folgten. Und immer noch ist etwa die Hälfte aller Menschen, die hier leben, nicht in den Vereinigten Staaten geboren oder hat Eltern, die von anderswo kamen. Etwa eine halbe Million von ihnen lebt ohne Aufenthalts- und Arbeitsgenehmigung in New York. 100 000 Menschen kamen im letzten Jahrzehnt des 20. Jahrhunderts jährlich mit der Absicht in die Stadt, Amerikaner zu werden; das waren so viele wie auf dem Höhepunkt der Einwanderungswelle zwischen 1880 und 1920. Eineinhalb Jahre müssen sie, wenn alles normal läuft, auf ihren amerikanischen Pass warten, doppelt so lange wie im Rest des Landes.

Sie hatten Galizien verlassen, um nach New York zu gehen, das Jahr war 1907, und sie zogen selbstverständlich auf die Lower East Side, wie fast alle neuen Einwanderer damals. Der Vater war vorausgefahren ins Goldene Land, um für die Frau und den Sohn ein Heim zu schaffen. Sie folgten ihm ein Jahr später. Es wurde kein glückliches Wiedersehen. Als ihr Schiff anlegt, erkennt die Frau den Ehemann nicht, weil er sich einen Bart hat wachsen lassen, und der kleine Sohn trägt einen Hut mit bunten Bändern, wie ihn nur die Juden aus Osteuropa ihren Babys aufsetzen. Der Vater schaut wütend auf seine kleine Familie. Er will nicht auffallen, will Amerikaner werden ohne Vergangenheit und will doch auch, dass am Freitagabend zum Seder die richtigen Gebete gesprochen werden: *Nenn es Schlaf* heißt der Roman von Henry Roth (1906–1995), der die Geschichte dieser Familie und von den Assimilierungsqualen des kleinen Sohnes erzählt, teilweise in Jiddisch, weil die Mutter nie richtig Englisch lernte, manchmal auch in einem Mischmasch aus beiden Sprachen, in dem sich die Kinder auf der Straße verständigten – das Buch, schon in den 30er-Jahren erschienen, ist wahrscheinlich das bedeutendste in der großen Menge der europäischen Immigrantenliteratur. Überhaupt ist, wenn man über die Einwanderung mehr erfahren will, als nackte Zahlen offenbaren, die Literatur der verlässlichste Zeuge und die reichste Quelle. Denn irgendjemand aus einem Land oder wenigstens einem Kontinent hat immer erzählt, wie es war, hier anzukommen, und wie New York ihn empfing, und daraus Literatur gemacht. Diese Zeugnisse haben den Akzent ihrer Autoren: Ein Ire erzählt anders als jemand, der aus der Karibik kam. Numerische Informationen, etwa dass heute mehr als 2,34 Millionen Latinos in New York leben, sind nötig, um eine Vorstellung von der Bevölkerungsstruktur der Stadt mit ihren weit mehr als achteinhalb Millionen Einwohnern zu bekommen. Aber keine Statistik, kein Quotenvergleich, keine farbige Einwohnerverteilungskarte sagt irgendetwas darüber aus, was es bedeutet, die eigene Heimat, sei es freiwillig oder aus Not, zu vertauschen mit einer Stadt, die den Ortlosen aus aller Welt etwas anbietet, das die einen nach einer Weile Zuhause nennen, die anderen Einsamkeit.

Von den Iren und ihren Erlebnissen in New York erzählt Frank McCourt in seinem Buch *Ein rundherum tolles Land*, der Fortsetzung seines Bestsellers *Die Asche meiner Mutter*. Ganz anders und in gewisser Weise eindrucksvoller noch ist die Geschichte der jungen Irin, die Colm Toíbin in seinem 2009 erschienenen Roman *Brooklyn* erfunden hat. Er lässt seine Hauptfigur nach ein paar Jahren, in denen sie gerade in New York heimisch geworden war, für eine Weile nach Irland zurückkehren. Die Heimatlosigkeit in der Fremde und gleichzeitig die Anpassungsfähigkeit der Seele an den Ort, an dem man gerade ist – das ist die Emigrationserfahrung, um die es, so oder so, in zahlreichen Büchern über New York geht. Mario Puzo hat in *Der Pate* geschildert, wie sich die Italiener in New York zurechtfanden. Über die Erfahrungen der Afroamerikaner, die aus den Südstaaten hierherkamen, und darüber, was es in den 50er-Jahren des letzten Jahrhunderts hieß, in der Stadt ein Schwarzer zu sein, hat Ralph Ellison in *Der unsichtbare Mann* Ende der 40er-Jahre berichtet. Das sind nur einige Beispiele von der langen Bücherliste aus fast jeder Gruppe von Einwanderern, die jährlich in den Neuerscheinungen junger Autoren mit vietnamesischem, indischem, bengalischem oder haitianischem Hintergrund fortgeschrieben wird.

Nicht alle Einwanderer haben weltberühmte eigene Viertel, wie die Chinesen Chinatown oder die Italiener einst Little Italy. Manche haben nur eine Straße, und viele mischen sich einfach unter den Rest, möglichst dort, wo sich auch andere aus ihrem Herkunftsland niedergelassen haben, um gleichsam inoffiziell ein eigenes Viertel zu gründen, das nicht auf den Stadtplänen verzeichnet ist, wie die Guatemalteken in Jamaica oder die Asiaten in Flushing, beide in Queens, dem Stadtteil mit den meisten Einwanderern. Ein Fünftel aller Menschen dort kommt aus Asien. Auch Brooklyn, mit 2,62 Millionen Einwohnern der menschenreichste Stadtteil – Queens hat 2,3 Millionen, aber die größere Fläche –, ist eher als Manhattan oder Staten Island Anziehungspunkt für Neuankömmlinge, und wie in Queens, wo mehr Nationalitäten miteinander auskommen müssen als irgendwo sonst in der Stadt, schien es bis vor Kurzem, als hätte jede Nation dort zumindest eine eigene Straßenkreuzung.

Doch das scheint sich zu ändern. Neue Einwandererschübe haben dazu geführt, dass sich die Viertel mehr vermischen. Was heute Woodside heißt und Teil von Queens ist, war früher einmal Irishtown. Heute leben dort Menschen aus 49 Ländern, die 34 verschiedene Sprachen sprechen.

Mit der Ländervielfalt kommen die vielen Religionen. Zur Zeit von Irishtown waren die Kirchen natürlich ausnahmslos römisch-katholisch. Als auch die Iren nicht mehr viel beteten, verfielen die Gotteshäuser. Die neuen Einwanderer haben die Religiosität – und auch den Katholizismus – wiederbelebt und besuchen im Umkreis der zehn Straßen, die Woodside umfasst, Gottesdienste in der Choong Hyun Church, der koreanischen Methodistenkirche oder der Spanish Unity Ministerio de Cristianismo Práctico und inzwischen auch wieder in der römisch-katholischen Kirche St. Sebastian, in der ein alter irischer Pfarrer viele Koreaner willkommen heißt; die Muslime haben es nicht weit zur Moschee. Viele ethnische Viertel, die einst einigermaßen homogene Enklaven bildeten, sind, wie es scheint, in Auflösung begriffen. An ihre Stelle tritt eine polyglotte, multiethnische, vielsprachige und kulturell so diverse Gruppe von Einwanderern, dass es ein Wunder ist, wie relativ friedlich sie meistens nebeneinanderleben.

Das betrifft aber nicht das Verhältnis von Weißen und Schwarzen. Sie leben immer noch in fast vollständiger Abschottung voneinander. East Flatbush in Brooklyn ist zu 87 Prozent schwarz, Tottenville in Staten Island fast im selben Verhältnis weiß. Die Latinos sind in Corona und Inwood nahezu unter sich. Das heißt, die romantische Rede vom Schmelztiegel und der Eindruck in der Subway, in der sich alle mischen, täuschen. Zwischen Weiß und den anderen Hautfarben ist New York weitgehend segregiert, wie der Rest der Vereinigten Staaten auch. Aber in New York unternimmt die Stadtverwaltung immerhin Versuche, das zu ändern: durch zaghafte Regulierungen des Wohnungsmarkts etwa, weil ohne solche Eingriffe die immens gestiegenen Mieten und die großflächige Umwandlung von Mietshäusern in Eigentum die geringer Verdienenden immer weiter an die Ränder drängen.

Noch heute stammt etwa die Hälfte aller Amerikaner von Einwanderern ab, die zum ersten Mal in Ellis Island amerikanischen Boden berührten, auf der Insel neben der Freiheitsstatue. Schon seit 1954 ist diese seinerzeit oft unmenschlich überfüllte und immer seuchengefährdete Einwandererschleuse geschlossen. Die neuen Immigranten kommen fast ausnahmslos mit dem Flugzeug oder über Land. Ellis Island ist heute gepflegter denn je, ein vorbildliches Museum der Einwanderung und eine hilfreiche Anlaufstelle für Stammbuchforscher. Doch in der Literatur und auch unseren Phantasien über den Eintritt in ein neues Leben ist das unaufgeräumte, von einem einzigen riesigen Menschenhaufen bedeckte Ellis Island nach wie vor präsent. An hektischen Tagen wurden hier in den Jahren 1892 bis 1954 bis zu 5000 Personen abgefertigt, was bedeutet: untersucht, ausgefragt, weitergeschickt, in einer Prozedur, die im Normalfall drei, vier oder fünf Stunden dauerte. Tausende Male sind diese Stunden, das Warten, die Trennung der Familien, das Bangen, die Kälte, Hunger, Durst und Erschöpfung beschrieben worden, die Dramen und die Augenblicke der Erleichterung und Euphorie, wenn sie endlich vorüber waren.

Als hätten sie von all dem nie gehört, verloren die New Yorker jedes Interesse an der Insel, sobald die Menschenaufnahmestelle geschlossen worden war. Der Fährverkehr von Manhattan nach Ellis Island wurde eingestellt. Mehr passierte ein Jahrzehnt lang nicht. Erst 1965 tauchte die Insel aus den Gedächtnistiefen wieder auf, als der amerikanische Präsident Lyndon B. Johnson sie zum Teil des Statue of Liberty National Monument erklärte und der Obhut des National Park

Service übergab. Doch dann geschah wieder für zehn Jahre nicht mehr, als dass die Insel weiter verrottete, einige Abkömmlinge der Ureinwohner versuchten, sie zu besetzen, was misslang, und 40 Afroamerikaner auf ihr landeten, um eine Anlaufstelle für Drogenabhängige zu schaffen, was ebenfalls keine Zukunft hatte. Die Restaurierung der Gebäude begann erst in den frühen 80er-Jahren, und es dauerte bis in die frühen 90er, bis sie vollendet war.

Einige Jahre lang kaufte ich mehrmals in der Woche ein Päckchen Kaugummi und gelegentlich ein Magazin in einem kleinen Laden gegenüber meiner Wohnung, in dem es nicht gut roch und ich fast nie einen anderen Kunden sah. Der Laden gehörte zwei Männern mittleren Alters, die wahrscheinlich Palästinenser waren und deren Englisch sich über die Jahre so wenig verbesserte wie die Luft in ihrem winzigen Geschäft. Man kann wohl sagen, dass ihnen die Welt einerlei war. 24 Stunden am Tag, an sieben Tagen in der Woche saßen sie abwechselnd oder gemeinsam hinter ihrer schmuddeligen Theke, verkauften ab und zu ein Päckchen Zigaretten, manchmal eine Tüte Brezeln oder eine Flasche Soda und, wenn man von den Staubschlieren auf die Lagerdauer schließen kann, offenbar nur sehr selten einen in Zellophan geschweißten Riesenkeks. Niemals hatte ich sie auf der Straße, niemals kommen und gehen sehen. Wahrscheinlich wohnten sie hinter dem Laden und wollten nicht riskieren, einen der gelegentlichen Kunden zu verpassen. Vielleicht aber gingen sie einfach nicht gern aus. Einmal war die Polizei dort, doch sie interessierte sich nicht für die beiden, sondern für einen Ladendieb, der auf der Flucht in ihr Lädchen gerannt war und sofort gefasst wurde. Lange Zeit erwartete ich, dass die beiden Männer und mit ihnen ihr Geschäft einfach verschwinden würden, und als das nicht geschah, vergaß ich sie. Erst am Silvesterabend 1999 fielen sie mir wieder ein. Denn selbst nachdem alle anderen Läden längst geschlossen hatten, warteten die beiden immer noch darauf, dass ein plötzliches Konsumbedürfnis ihnen einen Kunden beschere. Doch auch an diesem Abend blieben sie allein. Die große Mehrheit der New Yorker hatte beschlossen, auch dieses historische Silvester zu Hause zu verbringen. In der Gegend des Times Square versammelten sich nur Touristen. Die anderen Straßen lagen verlassen da, und es war so ruhig wie sonst nur im Sommer unter dröhnender Hitze, wenn die Menschen aus der Stadt geflohen sind. Auch ich war mit einem Freund zu Hause geblieben und sah vom Fenster aus immer wieder zu dem einzigen beleuchteten Schaufenster zwischen den herabgelassenen eisernen, graffitibesprühten Rollläden auf der anderen Straßenseite hinunter.

Um Mitternacht geschah das Unvorstellbare. Die beiden Männer traten hinaus auf die Straße. Mantellos standen sie in der milden Nacht und blickten sich vorsichtig um, ohne sich vom Fleck zu bewegen. Die Straße war leer. Das Feuerwerk, das am Central Park in die Luft ging, leuchtete in ihrem Rücken, von Häusern fast vollkommen verdeckt. Kein Auto passierte hupend den Standort der beiden, kein Betrunkener krakeelte, nicht einmal ein nüchterner Nachbar gesellte sich zu ihnen. Die Welt, in die sich die zwei Männer zum Jahrtausendwechsel hinausgewagt hatten, präsentierte sich ihnen vollständig ereignislos. Sie hatten gedacht, ihr Stichwort sei das »*Happy New Year*«, das aus dem Fernseher plärrte, und waren mutig auf die Bühne New Yorks getreten. Hier standen sie nun in einer Aura der Peinlichkeit, wie sie Auftrittsfehlern eigen ist. Ohne sich noch einmal umzusehen in der Leere dieser Nacht, verschwanden sie wieder in ihrem Laden, die Schultern hochgezogen und den Blick gesenkt. Als ich sie das nächste Mal sah, wirkten sie unverändert. Zurück in ihrem Kokon, warten sie vielleicht auf ein neues Stichwort. Vielleicht aber haben sie auch beschlossen, weiterhin Fremde zu bleiben und der städtischen Bühne für immer den Rücken zu kehren. Auf der Straße jedenfalls habe ich sie nie wieder gesehen, 15 Jahre lang nicht. Dann war eines Tages vor der Ladentür der Rollladen herabgelassen, ein paar Tage später mit Graffiti verziert. Vielleicht sind die beiden in ihre Heimat zurückgegangen, weil für sie New York kein Zuhause geworden war.

Ein demokratisches Experiment: Der Central Park

Für einige Jahre hatte ich das Glück, in der Mitte zwischen den beiden großen Parks Manhattans zu leben. Drei breite Straßenblöcke westlich meiner Wohnung lag der Riverside Park, in gleicher Entfernung östlich der Central Park. Der Riverside Park, nicht einmal halb so groß wie der Central Park, bedeckt einen schmalen Uferstreifen am Hudson zwischen der 66. und der 125. Straße, wird für einige Straßenblöcke von einem Gewirr von Straßen und Autobahnen unterbrochen und erstreckt sich nördlich der 135. noch einmal bis zur 158. Straße. Dort wechselt er den Namen und wird zum Fort Washington Park, der schließlich in den Fort Tryon Park übergeht. In der Frühgeschichte New Yorks war dies ein raues Gebiet und kaum besiedelt. Heute noch liegen Felsbrocken, die von prähistorischen Gletschern hierhergeschleppt wurden, zwischen den Hundegehegen, Spielplätzen und Gehwegen herum. In der Mitte des 19. Jahrhunderts wurde eine Eisenbahnlinie den Fluss entlang gebaut, ein paar Jahrzehnte später entstand dann der Park. Mitte des 20. Jahrhunderts kamen zwei Autobahnen dazu, und der Uferstreifen wurde durch eine Landaufschüttung verbreitert. Die Gehwege führen über die Eisenbahn, die hörbar unter den

Füßen rattert, und man läuft mal oberhalb der Schnellstraßen, mal unter ihnen hindurch.

Von den Bänken an der breiten Promenade aus wirken die Siedlungen in New Jersey am gegenüberliegenden Flussufer ganz putzig, wenn auch völlig unbewohnt, eine doppelte Täuschung. Wo sich die Promenade zu einem der zahlreichen Rondells weitet, liegen umzäunte Blumenbeete. Schlüssel zu den Türen im Zaun haben wie immer nur die Gärtner – doch hier sind sie keine städtischen Angestellten, sondern New Yorker aus den angrenzenden Vierteln. Die Beete liegen in Gemeinschaftsgärten, in denen man ein paar Quadratmeter Boden mieten, sie bepflanzen und pflegen kann. Solche Gemeinschaftsgärten finden sich fast überall in der Stadt, doch meistens sind es größere Brachflächen, die bepflanzt werden, und nicht nur ein Beet. Dennoch ist die Zahl der Gärtner kaum geringer. Jeder von ihnen liebt offenbar andere Pflanzen, jedenfalls erklärte ich mir so die ungemeine Vielfalt der Blumen und Sträucher auf engstem Raum, die hier vom Frühling bis in den späten Herbst hinein blühen und von den Spaziergängern regelmäßig begutachtet werden.

Ich habe an den Männern und Frauen, die am Wochenende auf ihrem Stückchen Beet jäten und gießen und pflanzen, düngen und beschneiden, immer das Talent bewundert, aus exotischen Samen bunte Blütengebilde großzuziehen, und auch die Fähigkeit, ein Fleckchen Erde, kaum größer als ein Katzengrab, zu ihrem Garten zu erklären. Und ich habe mich gefragt, ob sie, während sie gärtnern, eine Art Naturerlebnis haben und dabei vergessen können, wo sie sind. Denn wer am Fluss entlanggeht oder – was die meisten tun – joggt, Fahrrad fährt oder Rollschuh läuft, wird bei jedem Schritt auf den Wegen über den Schienen und zwischen den Autobahnen daran erinnert, dass er in einer der lautesten, naturfernsten Städte der westlichen Welt unterwegs ist, in der die Verkehrsplanung dem Uneingeweihten immer ein Mysterium bleiben wird.

In welchem der beiden Parks ich spazieren ging, hing zum Teil vom Wetter ab. Am Fluss bläst immer ein Wind, was im Sommer für, im Winter gegen den Riverside Park sprach. Wichtiger aber noch war die Frage, warum ich hinausging. Um zu laufen, an die frische Luft zu kommen, eine kurze Arbeitspause einzulegen, ohne die Konzentration, das Gefühl für die Stadt und ihre alltäglichen Aufgeregtheiten zu verlieren? Dann war der Riverside Park der richtige Ort, bei fast jedem Wetter. Wollte ich aber aus all dem hinaus, die Stadt vergessen und eine halbe Stunde Urlaub machen, ging ich in den Central Park. Bedenkenlos allein, zu jeder Tageszeit. Nur noch am Rande des Bewusstseins lauerte die Erinnerung an die beklemmenden Gefühle, die sein Besuch einst mit sich brachte.

Noch bis in die frühen 90er-Jahre hinein war der Central Park eine verbotene Zone. Jeder, der nicht die Gefahr suchte, mied den Park ganz selbstverständlich. Banden hatten das Gelände unter sich aufgeteilt, und Grenzverletzungen wurden unter Umständen mit dem Tod geahndet. Nur für Stadtkundige und nur bei Tag bot der Park an einigen wenigen Plätzen nahe den Eingängen bedingte Sicherheit. Bei Nacht nirgends. Undenkbar, den Central Park von West nach Ost zu durchqueren, unvorstellbar, ihn im Süden entlang der Straße zu betreten und dann abzubiegen zum Eislaufring, auf dem sich das Eis, viele Winter lang sich selbst überlassen, drohend beulte. In J. D. Salingers Roman *Der Fänger im Roggen*, geschrieben Anfang der 50er-Jahre und immer noch Pflichtlektüre an amerikanischen Schulen, sitzt der 16-jährige Holden hier auf einer Bank und wartet im schummrigen Winterlicht auf seine jüngere Schwester. Regelmäßig läuft sie nach der Schule am späten Nachmittag Rollschuh im Park. Holden ist keineswegs beunruhigt über diese Gewohnheit und ahnt natürlich nicht, dass 20 Jahre später solch ein Ausflug eines kleinen Mädchens in der Dämmerung mehrere Polizeimannschaften zum Einsatz gebracht hätte.

Während der großen Krise der Stadt in den 60er-, 70er- und 80er-Jahren, als das Geld fehlte, das Unterholz auszudünnen, kranke Bäume zu fällen, Wege und Sportanlagen instand zu halten, Rasenflächen auszubessern und Wiesen zu mähen, verwahrlosten die städtischen Parks und Grünanlagen in kurzer Zeit vollständig.

Auch der Central Park verwucherte und wuchs förmlich hinein in die Unterwelt. Die Bürger, denen er gehören sollte, hatten ihn aufgegeben, ein verlorenes Territorium, Feindesland mitten in ihrer Stadt. Legendär wurde »The Concert in Central Park« des Folk-Duos Simon & Garfunkel im September 1981, das bei freiem Eintritt eine halbe Million Zuschauer in den maroden Park lockte, den sie sonst mieden. Aber erst der Geldregen, der mit dem Börsenboom der 90er-Jahre auf New York niederging, und die unermüdlichen Aktivitäten einer Bürgerinitiative machten es möglich, den Park wieder in den Zustand zu versetzen, der seinen Gründern einst vor Augen gestanden hatte. Als die Börse Anfang des neuen Jahrtausends erneut zusammenbrach, waren die meisten Arbeiten abgeschlossen, und als sie sich erholte, folgte, was noch zu tun übrig war. Rasen statt Wiese! Und jede Menge Bänke.

Heute liegt der Central Park blütenprächtiger, sicherer, gepflegter und heiterer da als je zuvor, ein Ort der Erholung für alle, wie er es immer sein sollte. Und am Wochenende sind, so scheint es, tatsächlich alle da, die Familien, die Hunde, die Jogger, die Radfahrer, die Rollschuhläufer, die Schauspieler, Musikanten, Wasserverkäufer, Angehörige aller Ethnien, aller Altersgruppen, aller Einkommensschichten. Nur im Dunkeln trägt der Park noch immer die furchterregenden Züge vermeintlich längst gezähmter Dämonen; bei Nacht wohnt in den tief gelegten Straßen, den Hügeln und Senken noch immer die Angst in Erwartung ungezügelter, archaischer Wildheit, bis das Gelände sich am Morgen in eine liebliche Landschaft zurückverwandelt.

Wer in der Mitte des 19. Jahrhunderts in New York ein wenig Grün sehen wollte und kein Geld hatte, um zu verreisen, ging auf den Green-Wood-Friedhof am südlichen Rand von Brooklyn und versuchte, einen Platz zu finden, von dem aus er beim Picknick nicht unmittelbar in eines der frisch ausgehobenen Gräber schaute.

In seiner Erzählung *Bartleby, der Schreiber* entwirft Herman Melville einen Schauplatz, der einen solchen Ausflug in den Garten der Toten sehr verlockend wirken lässt: Die Aussicht, die der Erzähler aus seiner Kanzlei in der Wall Street genießt, öffnet sich nur bis zur nächsten Häuserwand. »An einem Ende blickte ich auf die weiße Wand des Inneren eines geräumigen, von einem Oberlicht überdeckten Schachtes, der das Gebäude von oben bis unten durchdrang. Diese Aussicht hätte man eher für langweilig denn für reizvoll halten können, da ihr fehlte, was die Landschaftsmaler ›Leben‹ nennen.« Auf der anderen Seite der Kanzlei fiel der Blick aus dem Fenster auf eine hohe Backsteinmauer, die, rußgeschwärzt, kaum zehn Fuß vom Fenster entfernt in die Höhe ragte: ein Ort der Verweigerung, wie wir von Melville bald erfahren – und ein typischer Blick aus einem Fenster in New York.

Melville veröffentlichte diese Erzählung 1853. Angesichts seiner weitgehenden Erfolglosigkeit wäre es ein wenig verstiegen anzunehmen, dass sich die New Yorker Stadtverwaltung von ihr inspirieren ließ. Doch es war neben dem Zufall vielleicht auch der Geist der Zeit, dass diese Stadtregierung im selben Jahr den Plan fasste, den Menschen, die hinter solchen Fenstern zu immer neuen Wänden in Büros und Werkstätten gepfercht waren, einen Ausblick in die Natur oder wenigstens auf ein Landschaftsbild voller Leben zu geben. Sie wollten einen Ort schaffen, an dem die New Yorker kein Pflaster, keine Mauern, keine Schornsteine und keine überfüllten Straßen sehen würden: einen Park von unerhörten Ausmaßen.

341 Hektar Land wurden nach und nach von den Stadtvätern gekauft oder enteignet, ein riesiges Areal am nördlichen Rand New Yorks. Damals drängte sich unterhalb der 23. Straße nahezu eine halbe Million Einwohner, oberhalb der 59. aber, wo das Parkgelände beginnen sollte, lebten verstreut nur etwa 1200 Farmer und, immer vorübergehend, eine Gruppe von Herumtreibern. Bis hinauf zur 110. Straße sollte sich der »zentrale Park« ausdehnen, weit hinein ins Niemandsland.

Beinahe. Denn neben den Farmern hatte sich in dem Gebiet auch die erste Gemeinschaft schwarzer und weißer Bürger New Yorks zusammengefunden. Der Staat New York hatte bereits 1827 die Sklaverei verboten, tat sich aber schwer damit, die nun freien Schwarzen auch wählen zu lassen. Grundbesitz im Wert von mindestens 250 Dollar musste ein potenzieller Wähler nachweisen, eine fast unerfüllbare Bedingung für die meisten Afroamerikaner der Stadt. Doch Land in dem felsigen Gebiet auf der Westseite des zukünftigen Parks war erschwinglich. Nach und nach kauften sich dort einige Familien den nötigen Grund und Boden zusammen, und so bildete sich mit den Jahren eine kleine Siedlung mit dem Namen Seneca Village. Etwa 250 Afroamerikaner und Iren, eine überall sonst explosive Mischung, lebten und arbeiteten dort zusammen, schickten ihre Kinder in die zwei Schulen des Orts, gingen in eine der drei Kirchen zum Beten und beerdigten ihre Toten auf einem der drei Friedhöfe. Sie alle wurden zugunsten des Parks enteignet, abgefunden mit wenigen Dollar für ihr mühsam zusammengeklaubtes Land, mit dem sie auch ihr Wahlrecht wieder verloren. Reich hingegen wurden die Besitzer von Grundstücken am Rande des zukünftigen Parks, nicht sofort, aber bald und bis heute.

Bei aller Härte bewiesen die Planer, wie die Geschichte zeigen sollte, einen enormen Weitblick. Ihre Entscheidung, den Park überhaupt zu schaffen und ihn dort zu bauen, wo keineswegs damals, sondern erst heute die Mitte Manhattans liegt, ist nach dem Beschluss von 1811, die Straßen einem rechtwinkligen Raster zu unterwerfen, die wohl wichtigste städtebauliche Maßnahme in der Entwicklung New Yorks gewesen. Sie war, wie so vieles, was die Stadt einzigartig macht, das Ergebnis einer Kreuzung von philanthropischen Überlegungen mit blanker Gier.

Dass der südliche Teil New Yorks durch immer neue Einwandererschübe längst überfüllt war, dass die dortigen Lebensbedingungen Slumbesucher wie Charles Dickens und Abraham Lincoln erbleichen ließen, dass Typhus- und Choleraepidemien immer wieder durch die feuchten Häuserwände krochen und dass nur die Reichen, in privaten Kutschen zu ihren Landgütern chauffiert, manchmal einen Baum sahen, all dies wurde in den Zeitungen jener Tage immer wieder angeprangert. Schon 1844 hatte der Journalist und Dichter William Cullen Bryant, an den heute eine Grünanlage hinter der New York Public Library erinnert (mit den prächtigsten öffentlichen Toiletten, die Sie je gesehen haben!), in der *Evening Post* von einem Park geschwärmt, der als »Lunge der Stadt« funktionieren sollte. Diesem Artikel folgten weitere in anderen Blättern, flankiert von Reiseberichten aus Europa, wo in den Städten Hecken blühten, Platanen Schatten auf die Promenaden warfen und die Sonne auf freie Plätze schien. Zwar gehörten die großartigen Parkanlagen, von denen die Reisenden aus Frankreich und England zu berichten wussten, häufig zum Besitz oder ehemaligen Besitz von Königs- und Fürstenhäusern, und private Parks gab es auch in New York (und es gibt sie noch heute). Dennoch ging die Idee zu dem großen demokratischen Experiment, als das der Central Park von Beginn an begriffen wurde, von diesen Erlebnissen aus. In ihrem Licht verzerrte sich das Gesicht der eigenen Stadt zum Schreckbild: New York war auf dem Weg, im Kampf um die wirtschaftliche Vormachtstellung auf dem amerikanischen Kontinent und um maximalen Gewinn für jeden Einzelnen eine moderne Metropole ohne zivile Substanz zu werden, ohne Bürgersinn und ohne Luft zum Atmen.

Der Central Park sollte das Gegengift sein. Er sollte die Bürger in einer Umgebung empfangen, die sie die Jagd nach Geschäften, die Enge der Häuser, den geometrischen Straßenplan, die Überfüllung, den Gestank und die Hetzerei vergessen ließ. Kontemplation würden sie hier finden, durch die allein sich eine Gesellschaft, die von Unersättlichkeit getrieben wurde, vor dem Rückfall in die Barbarei würde schützen können. Im Süden Manhattans brodelte das Chaos aus Dreck, Lärm, Hektik und Gewalt. Ohne Ventil drohte es zu explodieren. Dass der Central Park, am nördlichen Rand der Stadt gelegen, für die Slumbewohner viel zu weit entfernt war, um ihnen als Erholungsort den gewünschten Raum zur ruhigen Besinnung zu geben, war einer der frühen Kritikpunkte an dem Unternehmen. Doch je weiter New York wuchs, mit dem Bau der ersten hohen Wohnhäuser Ende der 60er-Jahre des 19. Jahrhunderts und der Subway zu Beginn des 20., desto mehr wurde der Central Park doch noch der öffentliche Ort für alle, als der er entworfen worden war.

Außerdem gewann er eine Qualität, die in New York selten ist: Kontinuität. Nichts mag in 20 Jahren unverändert bleiben, doch der Park liegt immer da, wo und wie er einst geschaffen wurde – mit einigen Modifikationen über die Jahrzehnte, natürlich, aber ohne dass Immobilienhaie an seinen Rändern genagt hätten, ohne Zugeständnisse an den Verkehr, der nach wie vor nur zu bestimmten Zeiten und immer nur in einer Richtung den Park durchquert, ohne strukturelle Eingriffe in die Anlage, wie sie in der zweiten Hälfte des 19. Jahrhunderts entworfen und gebaut worden war. Und obwohl die Freizeitbedürfnisse Formen angenommen haben, von denen die Visionäre dieses Ortes keine Vorstellung haben konnten, ist die Funktion des Parks immer dieselbe geblieben: Arkadien im Häusermeer.

Nach der grundsätzlichen Entscheidung vergingen noch einige Jahre über dem erbitterten öffentlichen Streit verschiedener Interessengruppen, die vom Park entweder profitable Geschäfte erwarteten oder gestört sahen, bis endlich handfeste Pläne darüber auf dem Tisch lagen, wie das Gelände denn zu gestalten sei. Zunächst waren nicht die Landschaftsarchitekten, sondern die Ingenieure gefragt. Denn entgegen der Vermutung manches Besuchers ist der Park keineswegs das letzte Stück Natur auf einer Insel, auf der jeder Quadratmeter gestaltet ist: ihr Umriss durch Landaufschüttungen vergrößert, ihr Untergrund planiert, aus dem Felsen geschlagen oder trockengelegt, die Flüsse untertunnelt und von Brücken überspannt, jedes Stück Grünfläche mühsam bepflanzt und künstlich bewässert. Nur im Park wurde, so scheint es, durch die weise Entscheidung der Stadtväter die ursprüngliche Gestalt des Ortes bewahrt. Doch der Eindruck täuscht. Der einzige Rest unveränderter Natur in New York liegt im Inwood Hill Park hoch oben an der Nordspitze Manhattans. Die Anlage des Central Park hingegen ist ein riesiges naturalistisches Kunstwerk, nicht weniger artifiziell als das Rockefeller Center und technisch und gestalterisch mindestens ebenso ambitioniert.

Es galt, schlammige Sümpfe trockenzulegen und gleichzeitig ein Bewässerungssystem zu schaffen, das künstlich angelegte Bäche und Seen speiste. Das Trinkwasserreservoir, das auf dem Gelände lag, musste erweitert, Felsformationen mussten gesprengt werden. All dies waren technische Meisterleistungen, die bald unter der Oberfläche des Parks verschwanden.

1857 wurde ein Wettbewerb für die Landschaftsarchitektur ausgeschrieben. Vorgegeben war das Budget von 1,5 Millionen Dollar, eine enorme Summe damals; außerdem sollte jeder Entwurf einen Paradeplatz für militärische Aufmärsche enthalten, und auch der Bau von vier abgesenkten Traversen für Kutschen und Handwagen, die den Park von West nach

Ost durchqueren sollten, ohne dass die Parkbesucher von ihnen Notiz nehmen müssten, war bereits vor der Ausschreibung beschlossen. Sie sind eine der staunenswerten Erfindungen dieses Parks, denn sie antizipierten nicht nur, dass sich, vom Planungsdatum aus gesehen, in ferner Zukunft einmal die West- und die Ostseite New Yorks geschäftlich so weit annähern würden, dass sich eine Straßenverbindung überhaupt lohnte, sondern sie nahmen auch vorweg, dass wichtige Verkehrswege einmal unterhalb der Stadt verlaufen würden.

Wettbewerbssieger unter 33 Teilnehmern wurden Frederick Law Olmsted, Superintendent der Parkkommission, und Calvert Vaux, ein bekannter englischer Architekt. Ihr gemeinsamer Entwurf sah vor, dass sich hinter jeder Wegbiegung ein neues überraschendes Naturtableau auftun sollte, geprägt von urzeitlichen Steinformationen, monumentalen Bäumen, Wasserfällen und Seen, an deren Ufern wilde Gräser wuchsen und hinter denen sich sanfte Erhebungen wölbten. Tatsächlich gibt es bis heute nur eine einzige gerade Wegstrecke im Central Park: die von vier parallelen Baumreihen gesäumte Promenade, genannt »The Mall«. Wer im Sommer unter dem Blätterdach hindurchläuft, vorbei an den Statuen berühmter Männer, spürt die Kühle und auch die Erhabenheit einer Kathedrale. Gleich nebenan drehen sich in immer schmerzhaft asynchronen Rhythmen einige Rollschuhfahrer vor der Rotunde »Woodman's Gate«. Man kann nicht hören, nach welcher Musik aus ihren Kopfhörern sie sich wiegen und drehen, weshalb keiner im Takt mit einem anderen tanzt. Es ist eine einsame Veranstaltung, und die Menschen, die auf den umliegenden Bänken sitzen, schauen nur manchmal träge in die Richtung der Tänzer, die mit sich allein beschäftigt bleiben. Weiter östlich aber, weg von der Mall, gibt es am Wochenende eine Rollschuh-Freiluftdiskothek. Wer sich dorthin wagt, muss gut sein, standfest und furchtlos, so artistisch fegen die Tänzer auf Rollen über den

Asphalt, so geschmeidig winden sie sich durch die Menge, so rasant wechseln sie die Richtung, obwohl eigentlich alle im Kreis fahren. Umso besser, wenn sie ein wenig zum Exhibitionismus neigen, denn der Platz wird eine Bühne, vor der immer ein Publikum steht, anfeuert und applaudiert.

Olmsted und Vaux konnten von all dem nichts ahnen. Sie wollten einen öffentlichen Raum schaffen, der sich keinerlei kommerziellen Interessen beugte, einen Raum, in dem die verschiedenen sozialen Schichten und Nationalitäten jenseits von Hochmut oder Neid entdecken konnten, was sie verband: ihre Humanität, die sie gleich machte vor Gott. Heute würde das kaum noch jemand so ausdrücken. Doch wenn Sie an den Wiesen entlanggehen, auf denen sich spontan Baseball- oder Fußballmannschaften bilden, wenn Sie sich zu anderen Parkbesuchern stellen, um den Darbietungen der vielen Liedermacher, Bands, Theater- oder Puppenspielergruppen zuzuschauen, wenn Sie für einen Augenblick Teil einer zufälligen Gemeinschaft werden, bis jeder wieder seiner Wege geht, kurz, wenn Sie einmal einen Sonntagnachmittag zwischen Mai und Oktober im Central Park verbracht haben, werden Sie wissen, dass sich diese Vision erfüllt hat.

Kaum waren Olmsted und Vaux zu den Siegern des Wettbewerbs erklärt worden, begann die Modifizierung ihres Plans. Sie ging so weit und schloss so viele Elemente aus abgelehnten Vorschlägen ein – etwa die konsequente Trennung von Fußgängerwegen und Reitpfaden –, dass am Ende von dem ursprünglichen Plan kaum noch etwas übrig blieb. Die Veränderungen, zu denen die verschiedenen Interessengruppen und Behörden Olmsted und Vaux zwangen, sind in ihrem Ergebnis für die Stadtplanung bis heute beispielhaft: Statt zu faulen Händeln führten sie tatsächlich zu einer Synthese ganz unterschiedlicher Vorstellungen davon, wie ein Bürgerpark aussehen sollte, und in der Regel einigte man sich nicht auf die einfachste, sondern die mutigste Lösung.

Der vollendete Park geht über den ausgewählten, preisgekrönten Entwurf weit hinaus.

Im Kern aber blieb die Idee unangetastet. Der Park sollte, wie Olmsted es formulierte, »demokratische Ideen in Bäume und Boden übertragen«. Gemeinsam mit Vaux schuf er in den Augen einiger Historiker das größte amerikanische Kunstwerk des 19. Jahrhunderts. In den Augen anderer immerhin den ersten typisch amerikanischen Park: eine Ersatzlandschaft mitten in der Stadt, im Stil ebenso beeinflusst von der französischen Landschaftsmalerei des 17. und von englischen Landschaftsparks des 18. Jahrhunderts wie von den Künstlern der Hudson River School und den spektakulären Ausblicken in den Adirondacks, von den Ideen John Ruskins, Alexander von Humboldts und Thomas Coles.

»Jeder Quadratmeter im Park«, verkündete Vaux stolz, »jeder Baum, jeder Busch, jeder Torbogen, jeder Fahr- oder Gehweg, sie alle wurden mit gutem Grund dort platziert, wo sie jetzt sind.« Von der immensen Anstrengung, die dieses Unternehmen bedeutete, sprach er nicht: Mehr als 3000 Arbeiter verlegten 140 Kilometer unterirdische Rohre, schleppten sechs Millionen Ziegelsteine und pflanzten 25 000 Bäume. Und weder Vaux noch Olmsted wussten, welche Enttäuschung ihnen bevorstand.

Als der Park sich 1860 seiner Vollendung näherte, zeigte sich, dass die Armen, die ihn mit ihren Händen gebaut hatten und für die er entworfen worden war, als Besucher nicht wiederkehrten. Der Weg war zu weit, die Anfahrt zu teuer, und die meisten arbeiteten sowieso an sieben Tagen in der Woche, sodass sonntags im Park nur müßige Paare einander aus ihren Kutschen zuwinkten. Sie immerhin waren glücklich, eine so prächtige neue Spielwiese für ihre gepflegten Vergnügungen ganz für sich allein zu haben, hatte doch die schiere Idee eines Volksparks ihre Angst vor der Masse belebt, die in ihren Augen immer ein Mob war. Olmsted hatte aus Furcht vor Schändung und Missbrauch seines Werks das

Seine getan, die weniger gepflegten Bewohner der Stadt abzuschrecken, und den Park mit Schildern vollgestellt, die alles Mögliche verboten: über das Gras zu laufen und Ball zu spielen, zu picknicken, sich irgendwie anzustrengen oder laut zu rufen. Sicherheitskräfte bemühten sich, Streit zu schlichten, bevor er ausgebrochen war, und patrouillierten durchs Gelände, Spaßverderber allesamt. Was konnte man also in dem neuen Park tun, außer elegant zu sein?

Man kann, hätten Olmsted und Vaux geantwortet, hoch im Norden, in der Gegend von Great Hill, die grandiose Weite des amerikanischen Kontinents ahnen und erhabene Ausblicke bestaunen. Man kann sich am Wasserfall von Huddlestone Arch in die pralle Lieblichkeit der Adirondacks träumen oder auf den großen, von dichtem Baumbewuchs umgebenen Rasenflächen das reinste Beispiel amerikanischer Idylle finden. Im Dickicht des Ramble, das jeden Wanderer zu verschlucken scheint, kann man in keiner Stadt je gesehenen Singvögeln lauschen, man kann auf den See schauen und spüren, wie das geschäftige New York, das einen immer ganz gefangen nimmt, plötzlich seinen Griff lockert und schließlich die Seele freigibt. Man kann natürlich auch einfach nur dasitzen und lesen, umherwandern und die graziösen Steinmetzarbeiten bewundern und auch: sich verlaufen.

All dies aber lernte die Mehrzahl der New Yorker erst Jahrzehnte später zu lieben, als Olmsteds Schilder längst verschwunden waren, niemand mehr an irgendeiner Bewegungsart in jedwedem Anstrengungsgrad Anstoß nahm und die ganze Welt auf den Rasenflächen zu picknicken schien. Da war ihr Park schon lange Vorbild für Parks in anderen Städten geworden, und die Idee der Gründer von einem Erholungsgelände für jedermann hatte sich weithin durchgesetzt. Auf dem Weg dorthin wurden allerdings Ruhe und Kontemplation durch Unterhaltungsangebote ersetzt, eine Transformation, vor der Olmsted und Vaux stets gegraut hatte. Dass der Disney-Konzern eine spektakuläre Filmpremiere inmitten ihres Werkes feierte, hätte ihnen ebenso missfallen wie der Massensegen, den Papst Johannes Paul II. hier einst spendete. Ich bin mir nicht einmal sicher, ob sie das jährliche Sommerkonzert der Metropolitan Opera gutgeheißen hätten, zu dem Zehntausende mit Klappstühlen, Decken und Verpflegung pilgern, die sich nie eine Karte für das Opernhaus leisten würden. Manche bringen sogar Kerzenleuchter mit, und das Verbot, im Freien Alkohol zu trinken, wird von ihnen ebenso ignoriert wie diese Ordnungswidrigkeit von der Polizei. Die Oper kommt mit diesen freien Konzerten übrigens in Parks in allen Vierteln, sodass auch hier Manhattan nicht mehr allein der Nabel New Yorks ist. Und auch das Verbot, im Park zu übernachten, wird in manchen Nächten außer Kraft gesetzt, wenn vor der kostenlosen Vergabe von Eintrittskarten für die Freilichttheateraufführungen *Shakespeare im Park* manchmal mehr als 100 Bühnenbegeisterte vor den Kartenkiosken lagern, um am Morgen die Ersten zu sein.

Zeitgenössische Künstler haben den Park als Kunstwerk weitergedacht und ihn mit eigenen Werken zeitweise verändert – Roxy Paine etwa, ganz unspektakulär, während der Whitney-Biennale im Jahr 2002 mit einem zarten Baum aus Aluminium, der eines Tages zwischen den gewachsenen Bäumen stand und täglich größere Aufmerksamkeit auf sich zog, weil einzig an seinen Ästen in jenem Frühjahr keine Blätter sprossen. Und auch die Verpackungskünstler Christo und Jeanne-Claude träumten jahrzehntelang davon, in einer Hommage an Olmsted und Vaux alle Wege im Park mit orange beflaggten Toren zu überspannen, wie es im Februar 2005 Wirklichkeit werden sollte. Die Beflaggung war eine touristische Sensation, die in den 16 Tagen, die das Kunstwerk existierte, sehr viel Geld in die Stadtkassen spülte. Viele New Yorker sagten damals, sie seien froh, wenn nach diesen 16 Tagen die plumpen Gestelle, zwischen denen die – je nach Licht und Wetter – safrangrellen oder farblich dumpf wirkenden Nylonbahnen nutzlos und schlapp herunterhingen oder ungelenk im Wind flatterten, wieder aus ihrem Park verschwinden würden. Als ich unter den Toren hindurchging und mich in diesem orangefarbenen Flaggenmeer einige Stunden aufhielt, machte mich das Ganze auch eher nervös als glücklich. Die vielen Menschen, in deren Gesellschaft jeder Schritt etwas Prozessionsartiges bekam, störten mich ebenso wie die unermüdliche Selbstdarstellung und Eigenwerbung des Künstlerpaares, die der Eröffnung des Werks vorausging, währenddessen lautstark anschwoll und nur langsam verebbte, als es wieder abgebaut war. Der Park, so dachte ich damals, ist ohne Fahnen und Tore doch viel schöner; er ist ein Kunstwerk, das kein anderes neben sich braucht.

Aber nach ein paar Jahren ist in der Erinnerung etwas Seltsames geschehen. Der leichte Ärger über das Spektakel ist der Freude darüber gewichen, beim ersten großen öffentlichen Kunstereignis des 21. Jahrhunderts dabei gewesen zu sein. Und ich begriff plötzlich, dass es vor allem darum gegangen war: mit anderen einen öffentlichen Raum zu feiern, ihn mitten im grauen Winter bunt zu machen, damit wir ihn mit neuen Augen sehen – und auf diese Weise etwas zu schaffen, das den Menschen, die es erlebt haben, etwas Gemeinsames gibt. »Es war einmal«, soll einer der Lieblingssätze von Christo sein. Und mit diesem Satz begannen dann irgendwann auch meine Erzählungen über die flatternd beflaggten Gates vom Central Park.

Vielleicht erinnern sich heute nicht mehr viele daran, dass der Central Park einst als »moralische Landschaft« geschaffen wurde, in der die Neugierde des Großstädters auf die Vielfalt der Natur in einer Serie kunstvoll gestalteter naturalistischer Außenräume geweckt werden sollte. Den zivilisatorischen Effekt aber, den Olmsted und Vaux sich von ihren pittoresken Szenerien erhofften, spürt auch heute noch jeder, der sie bei Tag betritt, wenn die Dämonen schlafen – in der unheimlichen Gelassenheit gegenüber allen Gewinnchancen, die New York auch in jenem Augenblick bereithalten mag und die nun ungenutzt vorüberziehen. Wenn ich statt zum Fluss den Weg zum Central Park einschlug, erwartete ich genau diese Entspanntheit gegenüber der Welt und wurde nie enttäuscht.

Trump City

Lange bevor Donald Trump im November 2016 zum Präsidenten der Vereinigten Staaten gewählt wurde, gehörte er jenseits der engeren Kreise seiner Geschäftspartner zu den am meisten verachteten Männern der Stadt. Und zwar spätestens seit 1980. Damals erwarb er das Gebäude neben Tiffany auf der Fifth Avenue an der Ecke 57. Straße, auf dessen Grund heute der Trump Tower steht. Die obersten drei Stockwerke benutzt er als Privatwohnung, und wir alle wissen, wie es dort aussieht: dass die Vorhänge vor den Panoramafenstern golden sind und römische Säulen und Tigerfelle ihren Auftritt haben. »Seht her«, sollten diese Bilder nicht erst im Wahlkampf sagen, »ich habe es geschafft. Unter mir liegt die Stadt, von der es heißt: *If you can make it here you'd make it anywhere,* und das hat sich wieder einmal als richtig herausgestellt.«

In dem alten Art-déco-Bau mitten im Zentrum Manhattans, der dem Trump Tower weichen musste, war für viele Jahrzehnte ein Modegeschäft untergebracht gewesen, das irgendwann in den 70ern den Anschluss an die Zeit verpasste, mehrfach die Besitzer wechselte und endlich schließen musste. Damals war Denkmalschutz in New York noch kein Thema, und so konnte Trump den halben Block abreißen. Er hatte gleichzeitig mit dem Haus die Luftrechte von Tiffany nebenan erworben. Das heißt, Tiffany verkaufte sein Recht, das eigene Gebäude so weit aufzustocken, wie es der Bebauungsplan zuließe, sodass Trump auf seinem Grundstück höher bauen konnte, als es dort eigentlich vorgesehen war – nämlich 58 Stockwerke hoch. Das war ihm allerdings nicht hoch genug, deshalb erzählt er bis heute gern, der Turm hätte 68 Etagen. Wie viele seiner Aussagen lässt sich auch diese leicht widerlegen, ohne dass er davon abrückte. Und wie hoch auch immer er ist: Trump Tower schaffte es gerade mal auf Platz 69 unter den höchsten Häusern der Stadt.

Bevor er das alte Gebäude demolieren ließ, hatte Trump dem Metropolitan Museum, das damals bereits etwas weitsichtiger war als die Stadtverwaltung, die Sandsteinreliefs versprochen, die über dem Eingang des Modeladens angebracht waren. Sie zeigten nackte Frauen in Bewegung bei einer Art Schleiertanz, was als Anreiz, ein Modegeschäft zu betreten, entweder besonders clever ausgedacht oder völlig danebengegriffen war. Jedenfalls hätten sich die Reliefs in der Skulpturensammlung des Metropolitan Museum ganz gut gemacht, selbst wenn sie mit den herrlichen antiken aus Ägypten nicht mithalten konnten. Doch Trump hielt schon damals seine Versprechen nicht. Eines Tages stellte sich heraus, die Reliefs waren beim Abriss des Gebäudes zerschlagen worden. Und es war nicht einmal ein Versehen. Trump ließ nämlich mitteilen, anders als die Fachleute des Museums sehe er keinen künstlerischen Wert in den Reliefs, ihr Erhalt hätte eine halbe Million Dollar gekostet und ihr vorsichtiges Abschlagen den Bau um Monate verzögert. Was er dann baute, hat allerdings in den Augen aller außer ihm selbst tatsächlich keinerlei ästhetischen Wert. Innen rosa Marmor und Bronze und ein fünfstöckiger Wasserfall in der Lobby, außen mittelbraune Bronze und über dem Eingang statt tanzender Frauen riesig in Goldbuchstaben der Name des Bauherrn und Besitzers.

Dieser Trump Tower an der Fifth Avenue ist nicht der einzige in der Stadt. Insgesamt sind es mindestens neun, die auch so oder so ähnlich heißen. Nicht an allen aber steht sein Namen mehr über dem Eingang, und auch Adressen seines Namens – Trump Place etwa an der Upper West Side – sind im Zuge seiner politischen Karriere geändert worden, weil die Bewohner dagegen protestiert hatten, dass ihre Adressen synonym würden für Bigotterie, Misogynie, Fremdenhass und Unehrlichkeit. Jetzt stehen die Häuser, mit denen Trump zwischen der 59. und 71. Straße ganz im Westen Manhattans in den 90er-Jahren in Zusammenarbeit mit Investoren aus Hongkong eine Menge Geld verdient hat, wieder offiziell am Riverside Boulevard, die goldenen Buchstaben mit seinem Namen über den Eingängen wurden entfernt, und sogar die Fußmatten, die seinen Namen trugen, wurden durch neutrale ersetzt.

Für Donald Trump müssen das erhebliche Demütigungen gewesen sein. Denn nichts wollte er schon als Kind sehnlicher, als in Manhattan nicht nur reich, sondern auch ein angesehener, geliebter, auf jeden Fall aber berühmter Bürger zu werden – Letzteres ist ihm gelungen, aber angesehen, geliebt gar, das war er nie. Und kaum ein Weg, so heißt es in New York, ist länger als der von Queens nach Manhattan, das wusste auch Trump, als er von seinem wohlbetuchten Elternhaus in Queens aus über den East River nach Manhattan schaute. Sein Vater war mit Immobilien reich geworden, Immobilien allerdings, die in den sogenannten Outer Boroughs lagen, mit Büros in Brooklyn und Queens eben. Donald wollte über den Fluss, er wollte den Graben zwischen nur reich und der New Yorker Elite überwinden, er wollte Häuser bauen, hohe Häuser, und zwar nicht in Queens, nicht in Brooklyn, sondern in Manhattan. Sein Vater riet ab.

Schenkte ihm aber trotzdem einige Millionen. Donald machte, was er sich vorgenommen hatte, und hatte Erfolg.

Jedenfalls finanziell. Gesellschaftlich eher nicht. Der Abgrund zwischen ihm und den kultivierten, seit Generationen stinkreichen Manhattanites war nicht zu überbrücken. Nicht mit Geld, nicht mit Häusern, nicht mit Golfplätzen, Spielkasinos oder Fernsehruhm. Nicht einmal als Präsident der Vereinigten Staaten. Trump weiß das. Seine Dünnhäutigkeit, seine Wut, seine Großmannssucht, sie zeigen, dass er sich immer noch als Außenseiter fühlt. Dass er immer noch tobt, weil er nicht zu der Gruppe gehört, in die er hineinwill. Längst könnte ihm das einerlei sein. Aber es ist der tiefste Stachel in seiner Existenz.

Manhattan – das war sein Traum. Dort sollte sein Ruhm beginnen, dort wollte er herrschen. So erzählt es Trump selbst jedenfalls in seiner Autobiografie *The Art of the Deal,* und es klingt wie eine Eroberungsgeschichte. Er kam über den Fluss, riss einen halben Block nieder und errichtete mitten in der Stadt einen hohen Turm, der heißt wie er. Und machte dann weiter so. Wer heute durch New York geht, von Central Park West (Trump International Hotel and Tower) zur Upper East Side (Trump Park Avenue und Trump Palace), zur Wall Street (The Trump Building) und von dort zur United Nation Plaza (Trump World Tower) und wieder hoch zur Sixth Avenue Ecke Central Park South (Trump Parc und Trump Parc East), entgeht den Hochhäusern nicht, die seinen Namen tragen. Bedauerlich für New York, dass Trump mit all seinem Geld keine guten Architekten beschäftigte, sondern gesichtslos protzige Ungetüme baute, wie es in den 80ern und 90ern üblich war. Auch bei Leuten, die aus Manhattan kamen.

All diese Gebäude gehörten ihm, als er Präsident wurde. Er hatte es bereits geschafft. Aber nicht in dem Sinn, der ihm vorschwebte. Er ist ein geborener New Yorker, aber er gehört nicht zur Elite, ist bei all seinem Reichtum und trotz seines Amtes tatsächlich nicht Teil von ihr. Deshalb ist er immer noch beleidigt. Natürlich auch, weil die New Yorker ihn nicht gewählt haben. Nur 18 Prozent aller Stimmen der Stadt entfielen 2016 auf ihn, in Manhattan waren es nur etwas mehr als die Hälfte, nämlich 9,87 Prozent. In den 1210 Wahlbüros gewann er ein Mal: am Times Square. Dort wählten 14 Menschen, davon sieben ihn. Sechs stimmten für Hillary Clinton, und eine Stimme ging an einen unabhängigen Kandidaten. Ist es da ein Wunder, dass der Präsident immer noch von der typischen New Yorker Klassenangst getrieben scheint?

Möglicherweise sind die Verachtung, die ihm die New Yorker Elite entgegenbringt, und seine Verletzung, seine Wut darüber das Pfund, mit dem Trump bei seinen Wählern punkten kann. Sie fühlen sich abgehängt. Wie Donald Trump auch. Ist er nicht ebenfalls ein Abgehängter? Hat er es trotz immensen Aufwands und trotz seines prunkvollen Besitzes und selbst als Präsident nicht auch letztlich *nicht* geschafft? Sind diejenigen, die ihn immer noch ablehnen, nicht dieselben, die das Land zwischen den Küsten *»fly-over-country«* nennen und einen Mann wie ihn den *»bridge-and-tunnel-people«* zuschlagen?

All das bedeutet nicht, dass sein Name nirgendwo etwas gilt. Im Gegenteil. In seinem Namen und mit seinem Namen werden auch in New York prächtige Geschäfte gemacht. So wurde etwa im März 2017 ein Gebäude in Jamaica in Queens, in dem Trump die ersten vier Jahre seines Lebens verbracht haben soll, für mehr als zwei Millionen Dollar verkauft, was etwa dem doppelten Marktwert des fast bescheiden wirkenden Hauses mit dem putzigen Giebel im Tudorstil entsprach. Wer es kaufte, ist nicht bekannt, weil die Transaktion von einer eigens gegründeten Firma durchgeführt wurde, aber Gerüchte, Donald Trump selbst stecke dahinter, führten nirgendwohin. Und es ist auch ganz unwahrscheinlich, dass er es war. Denn er wollte doch so schnell es ging fort von dort, von Queens!

Donald Trump ist das hässliche Gesicht New Yorks. Ein Immobilienhai, dem die Stadt vor allem dieses ist: eine Möglichkeit für sagenhafte Immobiliengeschäfte. Auch deshalb, weil sie einen Teil von sich in ihm erkennen könnten, wenn sie genau hinschauten, ist er bei den New Yorkern verhasst. In seiner Gier nach Ruhm, nach Geld, Sex und Anerkennung verkörpert Trump einige wesentliche Charakterzüge der Stadt. Doch andere hat er verraten. Alles das, was die New Yorker stolz macht, auf sich und ihre Stadt: die Freiheit, die jedem versprochen ist, der hier ankommt. Die Gleichheit der Götter, zu denen die Ankommenden beten. Nicht umsonst heißt die Freiheitsstatue auch *»Mother of Exiles«*. In einem Cartoon nach Trumps Wahl hatte sie ihr Gesicht in der Armbeuge versteckt und geweint. Und die New Yorker haben sich zum Widerstand gerüstet.

Protest!

Bei all dem, was New York anstrengend macht, wer könnte da noch protestieren? Gegen die Regierung, gegen die Opposition, gegen die Banken, den Bürgermeister, den Klimawandel, insgesamt gegen die Ungerechtigkeit der Welt? Die New Yorker schon. Sie leben in einer Stadt, in der ohne oder mit wenig Geld zu leben unmöglich ist, weshalb in den Obdachlosenheimen ungefähr 57 000 Menschen jede Nacht ein Dach über dem Kopf suchen und weitere 3200 unter Kartons auf den Straßen oder in den Subway-Stationen schlafen. Sie leben in einer Stadt, in der auch jenseits von drängender Armut unübersehbar ist, was Geld und Gier anrichten – zum Beispiel Normalverdiener fast völlig aus Manhattan in die anderen Stadtteile zu vertreiben, die zu neuen Zentren werden, wie in Brooklyn geschehen und in Queens und bald vermutlich in Staten Island –, in der andererseits das Bewusstsein für die dunkle Seite der Macht des Geldes aber ebenso ausgeprägt ist. Die New Yorker haben keine Zeit, das ist richtig. Aber Protest ist Teil ihrer Lebensform.

In ruhigeren Zeiten sind nur die Gespräche voll davon, und man könnte meinen, es handle sich eher um Nörgeleien als um tief greifendes Nicht-einverstanden-Sein. Aber sobald es ernst wird, gehen die New Yorker auf die Straße. Gegen den Vietnamkrieg. Gegen die Lockerung der Mietpreisbindung. Gegen George W. Bush. Gegen den Einmarsch im Irak. Gegen die Banken. Gegen Polizeigewalt. Gegen die Einwanderungspolitik, die Schulpolitik, die Minderheitenpolitik, die Gesundheitsreform von Präsident Trump. Sie sind darauf eingerichtet, ihre Rechte, ihre Lebensweise und auch ein Stück Anarchie mit Händen und Füßen zu verteidigen, wenn sie sie in Gefahr sehen. Dann gehen sie nicht nur auf die Straße, sondern organisieren sich und telefonieren nach Albany, wo ihre Vertreter im Land, und nach Washington, wo ihre Vertreter im Staat sitzen, und machen ihnen die Hölle heiß.

Wir alle erinnern uns noch an die Bilder vom Tag nach der Wahl von Donald Trump zum 45. Präsidenten der Vereinigten Staaten im November 2016. Tausende fanden sich vor dem Trump Tower ein, um mit Schildern *»Not My President«* gegen ihren neuen Präsidenten zu demonstrieren, bevor er überhaupt vereidigt war. Sie setzten diese Proteste fort, bis sie einen ersten Höhepunkt am Tag des Women's March am 21. Januar 2017 fanden, als etwa eine halbe Million New Yorker, die nicht zur großen Demonstration in Washington gefahren waren, in Midtown zusammenkamen. Die New Yorker waren in die Obamas verliebt gewesen und hatten sie gefeiert, wenn sie in der Stadt waren. Freunde von mir, die sonst keine Videos posten, verschickten in den letzten Tagen dieser historischen Präsidentschaft des ersten schwarzen Paares an der Spitze der Vereinigten Staaten kurze Zusammenschnitte der bewegendsten Szenen, von Hip-Hop-Künstlern im Weißen Haus, dem tanzenden Präsidentenpaar, dem Carpool-Karaoke der First Lady, dem großen Fest mit all den Jazzern im Sommer 2016, und schrieben: *»Let's weep together.«*

Und dann gingen sie nach der Wahl auf die Straße und machten eine Menge Lärm, wo auch immer es sinnvoll erschien. Gerade so wie viele andere im ganzen Land, nur ein bisschen lauter vielleicht, weil Trump trotz allem einer von ihnen war.

Dass die New Yorker oft nicht einverstanden sind mit dem Lauf der Welt, der Politik ihres Landes oder ihrer Stadt, dürfte niemanden überraschen, der einmal in New York ein wenig Zeit verbracht hat. Die Proteste gegen Trump waren nicht die ersten, und sie werden nicht die letzten sein. Protest und, wenn das zu nichts führt, Organisation von politischem Widerstand sind Teil der DNA der Stadt.

Manchmal werden aus Protest handfeste Unruhen. Von den folgenschwersten, weil sie die meisten Todesopfer forderten, ist schon die Rede gewesen. Die *draft riots* von 1863 sind bis heute die blutigsten geblieben, während die Plünderungen in den Tagen um den Blackout im *»Summer of Sam«* 1977 immer noch diejenigen mit dem größten Sachschaden und vermutlich den meisten Festnahmen sind: 4500 Menschen wurden verhaftet, 1616 Läden verwüstet, und an mehr als 1000 Stellen brach ein Feuer aus.

Bis heute fast überall auf der Welt klingt der Widerstand der Homosexuellen im Stonewall Inn an der Christopher Street in Greenwich Village nach. Es war im Juni 1969, als die Polizei, die ihrerseits für einige schwere Unruhen in New York verantwortlich ist, die von der Mafia betriebene Bar stürmen wollte. Sie traf auf heftigsten Widerstand, der für ein paar Tage das Village erschütterte und die schwule Szene zusammenschweißte. Der Christopher Street Day erinnert daran, auch wenn viele das nicht mehr wissen mögen.

Eine ähnlich nachhaltige Wirkung hat die »Occupy Wall Street«-Bewegung. Die Bilder des besetzten Zuccotti Park downtown in unmittelbarer Nähe jener Finanzinstitute, die für den Zusammenbruch der Finanzmärkte 2008 und seine Konsequenzen für Arme und mittelständische Hausbesitzer und Sparer verantwortlich waren, gingen im September 2011 und in den Folgemonaten um die Welt. *»We are the 99 %«*, war der Schlachtruf, der an vielen anderen Orten aufgenommen wurde – die 99 Prozent, die zusammen weniger zum Leben haben als das restliche superreiche eine Prozent. Die Organisation der Proteste gegen die ungleiche Verteilung des Reichtums und der Ressourcen nicht nur in New York und den USA entwickelte sich über die sozialen Medien zu einem Netzwerk, das über die physische Besetzung des Parks weit hinauswies.

Besetzt war Zuccotti Park nur für wenige Wochen im Herbst 2011. Doch damals wurde ausgerechnet New York Mittelpunkt eines leidenschaftlichen Aufschreis gegen den Kapitalismus überhaupt. Gegen die Finanzwirtschaft. Gegen die obszönen Bonuszahlungen vieler Banker und dagegen, dass diejenigen, die für den Kollaps dieses Systems verantwortlich waren, mit Steuergeldern ausgelöst wurden. Auf dem Bronzebullen vor der New Yorker Börse tanzte für ein paar Tage eine Ballerina – das war ein Zeichen, dass Phantasie und Anarchie in New York sich vom großen Geld nicht würden unterkriegen lassen.

Wie gut vernetzt die Aktivisten vom Zuccotti Park waren, zeigte sich bei der nächsten Katastrophe, die über die Stadt fegte: Hurrikan Sandy im Oktober 2012. Zum ersten Mal seit 1888, als es ein Schneesturm gewesen war, sorgte ein Unwetter dafür, dass die Börse geschlossen blieb. Die Straßen rundherum, die Subway-Stationen, Parkhäuser und Bürogebäude in der Gegend, die ein Jahr zuvor Ziel der Proteste gewesen waren, standen unter Wasser. Innerhalb kürzester Zeit waren Tausende Freiwillige über die Netzwerke von Occupy zusammengetrommelt, die Erste Hilfe leisteten, bei Evakuierungen zur Hand gingen, Essen und Decken verteilten und überhaupt zur Stelle waren, wo Hilfe gebraucht wurde. Auch Sandy verursachte einen Blackout in Lower Manhattan. Das einzige Licht in der Gegend fiel aus den Fenstern von Goldman Sachs. Die Firma hatte für ihren eigenen Generator gesorgt. Ein gespenstisches Bild.

Die Wall Street steht für fast alle Konflikte, die in New York lodern. Auch die zwischen Schwarzen und Weißen. Die Mauer, nach der die Straße benannt ist, wurde von Sklaven gebaut, und zwar bereits 1653, um die holländischen Siedler vor Angriffen der Ureinwohner zu schützen. An der Ecke Water Street und Wall Street wurde im Sommer 2015 eine kleine Plakette angebracht, die an den Sklavenmarkt erinnert, der von 1711 bis 1762 hier unter freiem Himmel abgehalten wurde. Nur wenige Monate nach seiner Eröffnung gab es die ersten Aufstände. Die Idee für die Plakette soll ein Künstler der Occupy-Bewegung gehabt haben.

Gedenktafeln, Memorials, Museen für die Geschichte der Schwarzen der Stadt – es gibt sie auch jenseits von Harlem, wo das Studio Museum an der 125. Straße sich um aktuelle und historische afroamerikanische Kunst kümmert und das Schomburg Center afroamerikanische Geschichte und Kultur aufarbeitet. Allerdings geht auch Harlem den Weg der Gentrifizierung, was sich daran zeigt, dass inzwischen etwa 60 Prozent seiner Bewohner weiß sind. Aber noch gibt es dort neben Museum und Forschungszentrum zwischen den zahllosen Kirchen und Bestattungsunternehmen die afrikanischen Basare mit Kleiderläden, Schneidern, Kleinelektronik und Haushaltswaren und sehr viele Friseure für die kunstvollsten Zöpfchenkreationen.

Und hier tauchten auch vor einiger Zeit neue Wandgemälde auf, die wie ein Comicstrip funktionieren. *»Know Your Rights«,* stand da geschrieben, neben Bildern von Menschen, denen Handschellen angelegt wurden, oder von riesigen Smartphones, was als Aufforderung gelten konnte, zu filmen, wenn man beobachtete, wie die Polizei ohne Grund Festnahmen durchführte oder unangemessen gewaltsam vorging. Solche Murals fanden sich auch in der Bronx, in Bedford Stuyvesant und anderen Gegenden, in denen überwiegend Schwarze wohnen. Es sind Murals von Graffitikünstlern, öffentliche Erinnerungen daran, worauf zu achten ist, wenn die Polizei kommt. Stop-and-frisk-Taktiken treffen in New York in 90 Prozent der Fälle Schwarze oder Hispanics, die aber zusammen nur etwa die Hälfte der Stadtbevölkerung ausmachen. *»Know Your Rights«* ist eine ihrer Antworten darauf – eine pädagogische Hilfestellung und gleichzeitig ein Stück Kunst im öffentlichen Raum für alle, die sehen und begreifen wollen, was sich hinter den blendenden Lichtern der Stadt auch ereignet.

In den letzten Jahren und vor allem im Zusammenhang mit der Black-Lives-Matter-Bewegung – ebenfalls eine entfernte Verwandte von Occupy – ist das Interesse, scheint es, an der Geschichte der Schwarzen in New York größer geworden. Doch als ich einige meiner New Yorker Freunde fragte, ob sie jemals beim African Burial Ground gewesen seien und sich das Museum und die Gedenkstätte in der Nähe der Subway-Station Chambers Street angeschaut hätten, antworteten alle mit verlegenem Blick. Sie hatten davon gehört, einige ältere erinnerten sich an die Proteste gegen den Bau eines Bürogebäudes auf dem ehemaligen Schwarzenfriedhof, aber was genau damals geschehen war und wie es heute dort aussieht, wussten sie nicht im Einzelnen.

Höchste Zeit also, sich dorthin aufzumachen. Doch an der Adresse 290 Broadway/Ecke Duane Street deutet erst einmal nichts auf ein Museum und Memorial hin. Ein mächtiges Verwaltungsgebäude steht dort, und wer hineinmöchte, muss sich den üblichen Sicherheitsprozeduren unterziehen, Rucksack durchleuchten lassen, durch die Röntgenschleuse gehen, möglicherweise abgetastet werden. Der Eingang zum Museum liegt im Gebäude – und zwar genau in dem, das 1991 auf dem Grundstück des Friedhofs errichtet wurde, auf dem Sklaven und ehemalige Sklaven ihre Toten bestatteten. Es war ihnen verboten, sie innerhalb der Stadtgrenzen zu beerdigen.

Bei den Aushubarbeiten für dieses Hochhaus waren Hinweise auf den alten Friedhof gefunden worden. Skelette, um genau zu sein, oder Teile davon, Grabbeigaben, Überreste von Särgen. Archäologen wurden hinzugezogen. Und sofort erhob sich Protest. Wer baut schon Büros auf einem Friedhof? Ist das erlaubt? Muss das sein? Es formte sich eine Bürgerbewegung aus Angehörigen der einst hier Bestatteten, Aktivisten, Priestern, Politikern und Wissenschaftlern, die den Stopp der Bauarbeiten forderten. Eine 24-stündige Mahnwache an der Baugrube und eine Petition, die Arbeiten zu unterbrechen und erst einmal herauszufinden, was da unter der Erde lag und ob die menschlichen Überreste respektvoll behandelt und umgebettet würden, hatten schließlich Erfolg. Der Kongress ordnete an, die Baupläne zu überarbeiten und Platz für eine Gedenkstätte zu lassen. Sie wurde zwar erst 2007 eröffnet, aber bereits 1993 wurde ein unterirdisches Denkmal gesetzt. Die Überreste von 419 Menschen, die einst dort begraben lagen, wurden nach ihrer gründlichen Erforschung an einer Universität in Washington in Mahagonisärge aus Holz aus Ghana gebettet und in einer ergreifenden Zeremonie 2003 wieder bestattet. In einer Prozession, die von Washington bis New York Tausende anzog, wurden die Särge über Baltimore, Wilmington, Philadelphia, Newark und Jersey City an den Ort ihrer Ausgrabung zurückgeführt, wo sie feierlich wieder in die Erde gesenkt wurden und ihre endgültige Ruhe fanden. Man kann im Museum Aufnahmen von dieser Grablegung sehen, davon, wie die Alvin Ailey Dance Company tanzte, wie die Menschen die Straßen säumten. Das ist alles sehr emotional und vollkommen anders, kleiner, intimer und mit deutlich weniger Geld ausgestattet als die großen Museen, gar das Memorial für die Toten des 11. September 2001, das nicht weit entfernt liegt. Man spürt hier eher als dort, dass es ein Ort der Toten ist, ein Ort der Erinnerung. Als ich dort war, war ich die einzige Besucherin. Nach einer Weile kam eine Schulklasse.

Die Mastkuh:
Das Magazin *The New Yorker*

Unter den Amerikanern sind die New Yorker Außenseiter. Da es ihnen an Stolz nicht mangelt, schließen sie daraus, dass sie eine elitäre Gemeinschaft bilden, über deren Wirken und Wünschen der Rest der Welt gern Näheres erführe. Schon im Jahr 1925 erkannte Harold Ross darin eine Geschäftsidee und gründete eine Zeitschrift, die sich ganz diesem Zweck hingab. Ross war der Sohn eines Minenarbeiters in Colorado, doch er wusste, dass es Chuzpe bedarf, um in New York Erfolg zu haben. Also nannte er sein Magazin *The New Yorker* und zeigte damit, dass sein Selbstbewusstsein konkurrenzfähig war. In keiner anderen Weltstadt ließ sich sein Erfolg wiederholen. Vielleicht liegt es wirklich daran, dass der New Yorker, im Großen und Ganzen, das einzige Wesen ist, das zählt und daher, wie Ross meinte, ein eigenes Magazin verdiente. Dass *The New Yorker* mit dieser Frechheit von seiner Gründung an internationale Bewunderung auf sich gezogen hat und wahrscheinlich das Magazin ist, das am häufigsten kopiert wurde und an dem die Kopisten immer wieder scheiterten, bezeugt die Plausibilität des Konzepts. Bis heute. Was auch daran liegt, dass *The New Yorker* in seinen digitalen Angeboten ebenso unschlagbar ist wie in seiner

Druckausgabe. Am Kiosk zahlen Sie einen hohen Preis dafür. Im Abonnement angesichts der Fülle an Lesestoff sozusagen nichts.

Die ersten 60 Jahre in der Geschichte des *New Yorker* sind legendär geworden, weil sich in ihnen nichts veränderte. Gründungsherausgeber und Chefredakteur Harold Ross leitete die Zeitschrift fast 27 Jahre lang; William Shawn, der ihm 1952 nachfolgte und auch für enge Mitarbeiter immer Mr. Shawn blieb, verließ seinen Posten erst 1987. Die Autoren waren glücklich, auch wenn manche von ihnen, J. D. Salinger etwa oder Joseph Mitchell, völlig verstummten. Wer noch veröffentlichte, durfte schreiben, so viel er wollte, und sich so lange Zeit damit lassen, wie er brauchte. Die Frage, was der Leser möglicherweise wollen könnte, stellte Mr. Shawn nie. Kein Wunder, dass diese Zeit in zahlreichen Schriftstellermemoiren gepriesen wird wie das Schlaraffenland von Vielfraßen.

In jenen 62 Jahren unter nur zwei Chefredakteuren erschienen im *New Yorker* kein einziges Foto und kein einziger Artikel, der irgendeinen tagesaktuellen Bezug gehabt hätte. Stattdessen förderte Harold Ross von Anfang an die Kunst des Cartoons. Und Mr. Shawn redigierte Texte mit so großer Sorgfalt, intelligenter Einfühlung und beachtlichem Sachverstand, dass der dankbare Ved Mehta seine Erinnerungen an die Zeit beim *New Yorker* im Untertitel »Die unsichtbare Kunst des Redigats« nannte. Neben diesen weithin gepriesenen Qualitäten als Redakteur hatte Mr. Shawn noch ein Talent: Er erkannte die Großen seiner Zeit, als sie noch unbekannt waren, und veröffentlichte Beiträge etwa von Edmund Wilson, Dorothy Parker und, gegen heftigen Widerstand seiner Redaktion, Vladimir Nabokov unter all den vielen anderen, die sich in jedem Lexikon zur amerikanischen Literaturgeschichte nach dem Ersten Weltkrieg finden lassen, unter ihnen an erster Stelle, was die Häufigkeit anging: John Updike.

Auch heute noch schreiben im *New Yorker* viele der besten amerikanischen Schriftsteller, und sie haben dies auch zu Zeiten getan, als nur der Literaturchef des *New Yorker* ahnte, dass sie einmal berühmt sein würden, Jonathan Franzen zum Beispiel oder Junot Díaz oder Chimamanda Ngozi Adichie. In Anthologien, etwa den *Best American Short Stories* oder *Best American Essays,* findet sich immer eine Handvoll Texte, die ursprünglich im *New Yorker* erschienen sind. Regelmäßig gehen Pulitzerpreise an die Autoren des Magazins, auch an die Kritiker. Und thematische Sammelbände mit Artikeln ausschließlich aus dem *New Yorker* lassen sich einen Meter hoch stapeln, seien es *Lovestories from The New Yorker* oder *New York Stories from The New Yorker, The Complete Cartoons of The New Yorker* natürlich oder auch *Christmas at The New Yorker* und zahlreiche andere. Bill Buford, der einst den Posten des Literaturredakteurs besetzte, beschrieb die Zeitschrift einmal als »gigantische Mastkuh, die sich große Weiden von Text und hektarweise Wälder einverleibt«, und das ist so geblieben.

Inzwischen allerdings ändern sich die Dinge auch beim *New Yorker.* Das muss so sein, denn zeitweise verlor er an Qualität und an Bedeutung und war in Gefahr, ein Blatt für Kauze zu werden. Doch immer fand sich jemand, der dies erkannte und abwehrte. Tina Brown führte in den 90ern ein, dass es auch mal Fotos zu sehen gibt, sparsam und immer in bester Qualität. Der erste Redaktionsfotograf, den sie beschäftigte – und nur von ihm kamen Fotos ins Blatt –, war Richard Avedon.

David Remnick, der das Magazin von Tina Brown als Chefredakteur übernahm, ist deutlich eingreifender als alle seine Vorgänger. Die Literatur ist zugunsten langer Stücke politischer und sozialer Reportagen, investigativer Recherche und Porträts ein wenig in den Hintergrund getreten. Das liegt an der Lage der Dinge. Erst forderten die Terroranschläge und die folgenden acht Jahre der Präsidentschaft von George W. Bush alle Wachsamkeit der New Yorker und ihrer Zeitschrift, Jahre, in denen sie begannen, sich für ihre Regierung zu schämen. Sie erholten sich zwar in den folgenden acht unter Barack Obama ein gutes Stück, aber nicht so weit, dass sie blind geworden wären für die Zustände in der Welt, die auch ihre, Amerikas, Verantwortung waren. Mit Donald Trump aber hat das Magazin einen Gegner gewonnen, den es nicht aus den Augen lässt. Noch in der Wahlnacht schrieb Remnick einen aufrüttelnden Artikel, der seinen Lesern zurief, einen Faschismus in den Vereinigten Staaten nicht zuzulassen. Das war deutlich, das war ernst gemeint, das hieß: Wir haben als Journalisten und als New Yorker eine Verantwortung, dass dieses Land, dass diese Stadt frei und offen bleiben. Sollte unser neuer Präsident daran etwas ändern wollen, müssen wir uns und werden wir uns wehren.

Seit die Tagespolitik großen Raum einnimmt, machen nicht so sehr die Autoren, sondern ihre Artikel immer häufiger Schlagzeilen: Heute, so ungefähr formulierte es David Remnick einmal, ist es für den *New Yorker* wieder an der Zeit, statt Trendbewusstsein eine moralische Haltung zu zeigen. Und da die Autoren und die Redakteure des *New Yorker* auch Bücher schreiben, und zwar meistens gleichsam mit der Lizenz zum Bestseller, kam nach zwei Jahren Amtszeit des ersten schwarzen Präsidenten der Vereinigten Staaten eine Obama-Biografie heraus, die dessen politischem Werdegang in allen Verästelungen nachging – eine typische *New-Yorker*-Arbeit. Der hochgelobte Autor: David Remnick, und das Buch: natürlich ein Bestseller.

Trotz seiner zunehmend politischen Ausrichtung beschäftigt das Magazin immer noch einen Redakteur, der eigens für die Gedichte zuständig ist, von denen zwei oder drei pro Heft zwischen die Texte gesprenkelt sind. Und immer noch gehören mindestens die ersten 20 Seiten dem Veranstaltungskalender, der nicht nur Theater, Kinos, Konzerte, Museen und Galerien auflistet, sondern vieles auch kommentiert und seit ein paar Jahren auch Restaurants vorstellt.

Das Konzept des *New Yorker* ist nicht nur intellektuell, sondern nach einem ziemlich rumpeligen Beginn mit wenig Geld und noch weniger Lesern auch wirtschaftlich erfolgreich. Die Hefte sind zwar dünner geworden, aber die Auflage scheint konstant zu sein, der Abonnentenstamm liegt bei knapp über einer Million, von denen 85 Prozent jährlich die Subskription verlängern – eine Rate, die sonst nur Rezepte für lebenserhaltende Medikamente erreichen.

Dennoch, manches bleibt auch bestehen. Immer noch nehmen Geschichten über New York, denen das Blatt früher fast ausschließlich gewidmet war, großen Raum ein. Man erkennt das an den Titelbildern. Eines zeigte den Subway-Plan, aber die bekannten Stationsnamen waren alle durch Frauennamen ersetzt worden. Dazu gab es im Heft einen Artikel, wie es sich anfühlen würde, durch die Stadt zu fahren und statt an Rockefeller und George Washington und John Astor und James Madison an die Frauen erinnert zu werden, die hier gearbeitet, die sie geprägt, die sie verändert und verteidigt haben, von einer Quäkerpredigerin mit Namen Hannah Feake Bowne zu den Guerilla Girls. *»City of Women«* – so hieß das Cover, so hieß der Artikel. Ein paar Monate später fand sich auf dem Titelbild ein Bücherregal. Erst auf den zweiten Blick erkannte man, es hatte die Form der Insel Manhattan.

Immer noch hält man es beim *New Yorker* für selbstverständlich, dass 15-seitige Artikel über einen Rechtsstreit wegen Lärmbelästigung in einem Mietshaus auf der Upper East Side auch jenseits der Stadtgrenze begierig verschlungen werden oder das Schicksal eines Fast-Food-Restaurants in einem Hochhaus in Chelsea von internationalem Interesse sei. Immer noch ist die Dokumentationsabteilung, das *fact checking department*, eine Institution, die als nahezu unfehlbar gilt.

Allerdings ist es seit der Jahrtausendwende nicht mehr Eleanor Gould Packard, die sich über die Druckfahnen beugt. Sie war mehr als 50 Jahre lang die Korrektorin des *New Yorker,* und auch sie ist berühmt geworden, weil sie noch als 80-Jährige absolute Autorität über die Grammatik hatte und jede Redundanz, jeden schlampigen Wortgebrauch, jedes hilflos gesetzte Komma aus einem Text verschwinden ließ.

Auch die Hingabe an den *New Yorker*, die aus den zahlreichen Erinnerungsbüchern von dankbaren Autoren spricht, ist wahrscheinlich ein Gefühl aus der Vergangenheit. Das hat nichts damit zu tun, dass die Zeitschrift an Qualität eingebüßt hätte oder die Autoren heute Grund zum Klagen hätten. Es hat einfach damit zu tun, dass in der Masse der Medien die Stimme des *New Yorker* nicht mehr ganz so weit trägt wie noch in der Mitte des letzten Jahrhunderts. Vor allem sind die Leute, die in ihm schreiben, und die, die ihn lesen, nicht mehr so wichtig, jedenfalls nicht außerhalb von New York. Doch immer noch verkauft der *New Yorker* wöchentlich mit seinen Artikeln ein Lebensgefühl, das mit der Stadt verbunden ist, in der er erscheint, und ein metropolitanes Selbstbewusstsein, das dort wächst. Aber die aufgeklärte, städtische Mittelklasse, die sich im *New Yorker* wiedererkennt, steht am Rand der amerikanischen Gesellschaft, gerade da, wo die New Yorker sich schon immer platzierten. So gesehen ist der *New Yorker* ein Ort für Heimatlose geblieben, geradeso wie die Stadt, von der er lebt. Wahrscheinlich hat der Schriftsteller Nicholson Baker recht. Auch er schreibt immer wieder in dem Magazin, und er ist überzeugt davon, neben dem iPhone und Billy Wilders Film *Manche mögen's heiß* sei *The New Yorker* der dritte große Beitrag Amerikas zur westlichen Zivilisation.

Mode? Diktat nur, wenn es heißt: *»It's black tie!«*

Es wurde ein großer Abend. Die Nacht war heiß, die Stimmung geschichtsgeladen. Wer hatte dergleichen schon einmal gesehen, gehört? Ein solches Stück, eine solche Show, solche Darsteller, Sängerinnen, Tänzer? Die Zuschauer waren begeistert. Sie sprangen von ihren Sitzen und applaudierten. Sie trugen Gummischlappen und Shorts.

Das kann Ihnen im Theater passieren. In jedem Jazzklub. Möglicherweise in der Oper. Manchmal könnte man glauben, die Garderobe spiele in New York keine Rolle und eine Kleiderordnung gebe es nicht. Dabei gehört die Kenntnis der Dresscodes hier wie in jeder Metropole zu den wichtigen gesellschaftlichen Navigationsinstrumenten. Außerhalb der Schulen, die den Kindern eine Uniform verpassen, und jenseits der Eingangshallen besserer Apartmenthäuser, in denen livrierte *doormen* Dienst tun, sind diese Regeln keine formellen Vorschriften. Doch ungeschrieben, wie sie sind, entscheiden sie darüber, wer dazugehört und wer nicht. Wer die Dresscodes missachtet, wird sich deplatziert fühlen, falls er es merkt. Die anderen merken es auf jeden Fall. Nicht mehr viele Gastgeber weisen auf schriftlichen Einladungen darauf hin, welcher Aufwand für die Garderobe von den Gästen erwartet wird, ob *casual* (ohne Krawatte), *business attire* (mit Krawatte) oder *black tie* (Smoking) und für die Frauen das Entsprechende. *Overdressed* oder *underdressed* einen Abend verbringen zu müssen ist ein lausiges Gefühl. Leger gekleidet zwischen lauter Menschen im Cocktailaufzug herumzustehen oder im Seidenkleid auf einer Party zu erscheinen, auf der der Gastgeber einem zur Begrüßung eine Bierflasche in die Hand drückt – mir ist beides passiert. Ich hatte nicht viel Spaß an jenen Abenden und habe mir angewöhnt, immer in Schwarz zu kommen, mit flachen Schuhen, aber mit High Heels und Ohrringen in der Tasche, sollte ein Wechsel ins Elegante nötig sein.

Meine Erfahrungen aber waren harmlos im Vergleich zum Erlebnis eines Freundes. Er war in die Stadt gekommen, um ein paar Leute zu treffen, die ihm eine prestigeträchtige und bestens dotierte Arbeit in einem der Museen versprochen hatten. Sie aßen gemeinsam zu Mittag, und mein Freund machte offenbar einen guten Eindruck. Er trug ein Jackett, keine Krawatte und teure Schuhe.

Jedenfalls bekam er am nächsten Nachmittag einen Anruf vom Direktor des Museums, um das es ging. Dieser erzählte ihm, was er alles Gutes über ihn gehört habe und dass er sich freuen würde, ihn abends bei der Voreröffnung der nächsten Ausstellung in seinem Haus zu sehen, wo er andere wichtige Menschen kennenlernen würde. Bevor er sich verabschiedete, rief er noch ins Telefon: *»By the way, it's black tie!«* Da mein Freund weder wusste, was das bedeutete, noch, hätte er es gewusst, einen Smoking besessen hätte, ihn aber in aller Unkenntnis das sichere Gefühl beschlich, es gehe um einen Abendanzug und er könne nicht unangemessen angezogen erscheinen, blieb er zu Hause. Er wusste nicht, dass man sich Abendanzüge leihen kann, dass sie gebracht werden, wenn es eilig ist, und dass auch ein Schneider mitkommt, um Anpassungen vorzunehmen. Den Job bekam ein anderer.

Black tie ist die einzige Vorschrift, die überhaupt noch angesagt wird. Und selbst die ist nicht immer wirklich bindend. Meistens kommt man mit Schwarz durch. Das tragen etwa 90 Prozent der New Yorker ebenfalls. Am Broadway heißt die Regel: Putzen Sie sich nicht heraus. Es lohnt sich nicht. Da die Grundstückspreise in Manhattan seit jeher astronomisch sind, gibt es kaum ein Theater, das wertvollen Platz an ein Foyer verschwendet, wo man seine Garderobe vorführen könnte. Außerdem machen die New Yorker, den horrenden Eintrittspreisen zum Trotz, kein großes Aufheben um einen Theaterbesuch. In den Musicals bleiben die Touristen weitgehend unter sich. Die meisten New Yorker setzen sich nur für einige Theaterstücke in Bewegung, vor allem, wenn diese aus dem Londoner West End nach New York kommen. Spielen dann auch noch Hollywoodstars mit, werden sie zum absoluten Muss für alle, die in New York mitreden wollen. An der achtlosen Aufmachung der Besucher ändert das nichts. Seien Sie darauf gefasst, Ihren Mantel wie im Kino während der Vorstellung auf dem Schoß zu halten oder zusammengefaltet unter Ihren Sitz zu schieben. Wenn Sie Männer in Anzügen sehen, bedenken Sie, dass sie direkt aus dem Büro ins Theater gekommen sind. Und seien Sie nicht irritiert, wenn zwischen T-Shirts und Pullovern doch einmal ein Dekolleté aufblitzt. Es gehört mit Sicherheit einer Frau aus der Provinz, zu der die New Yorker alles zählen, was außerhalb der Stadtgrenzen liegt.

Auch in die Oper, einst Ort festlicher Aufzüge, gehen die New Yorker inzwischen in Freizeithosen und kragenlosem Hemd, über dem manch einer immerhin ein Sakko trägt. Die Frauen kleiden sich dazu passend, und manchmal kommen sie auch mit Einkaufstüte, die sie unter dem Sitz abstellen, gleich neben dem zusammengerollten Mantel. Eine mütterliche Freundin, die sich noch an die Montagspremieren in der Metropolitan Opera in den 50er-Jahren erinnert, weiß von prächtigen Roben zu berichten, die sie, wie alle

Frauen, damals trug, schulterfrei und rückendekolletiert auch im Winter, und dazu hochhackige Riemchensandalen. »Lächerlich«, sagt sie heute, »auf der Bühne sang Maria Callas, und ich dachte nur an meine kalten Füße.« Ihr Mann hatte seinen Smoking, den er an solchen Abenden anzog, im Büro hängen.

In den späten 60er-Jahren gingen diese Dresscodes in den allgemeinen politischen und kulturellen Wirren unter. Jetzt hielt die Met es für nötig, die Besucher aufzufordern, wenigstens ein Mindestmaß bürgerlicher Kleidungskonventionen zu beachten. Es tauchten Schilder am Eingang der Oper auf, die darauf hinwiesen, dass Besuchern ohne Schuhe der Einlass verwehrt würde. Die Schilder sind natürlich längst wieder verschwunden; bei aller Nonchalance käme heute keiner mehr auf die Idee, barfuß in die Met zu gehen. Aber einige Restaurants schreiben immer noch Hinweise an die Tür, dass Sie in kurzen Hosen nicht bedient werden, und manche haben in der Garderobe einen Vorrat von Jacketts und auch Krawatten, damit unangemessen gekleidete Gäste nicht hungrig abziehen müssen. Und statt vor der Met findet sich jetzt ein Schild, dass Barfüßigen kein Zutritt gewährt wird, am Eingang eines Supermarkts – direkt über dem nützlichen Hinweis, dass Elektroroller und Rollschuhe nicht als Schuhwerk gelten und im Laden ebenso verboten sind wie nackte Füße.

Nur an Premierenabenden in der Metropolitan Opera oder im Ballett sieht man noch hier und da die große Abendgarderobe, auch wenn die Regeln recht durchlässig geworden sind und neben rauschenden langen und kurzen Kleidern inzwischen schon ein Pullover mit etwas Glitzerei als festlich gilt. Für die Männer ist es immer noch der Smoking. *Black tie* eben. Wenn Sie im Lincoln Center, wo Oper und Ballett zu Hause sind, Gruppen derart gekleideter Besucher sehen, dürfen Sie (anders als am Broadway) nicht glauben, Sie hätten es mit Provinzlern zu tun. Vielmehr handelt es sich um jene großzügigen Spender zum Met-Budget, die nach der Vorstellung zum Büfett mit den Sängern, dem Dirigenten und den Direktoren der Oper geladen sind, also um Mitglieder jener ausgewählten Gemeinschaft von Freunden des Hauses und Sponsoren, ohne die das New Yorker Kulturleben nicht stattfände.

Mindestens ebenso auf Pracht bedacht ist die Garderobe bei den zahlreichen sehr eleganten Wohltätigkeitsbällen, den Spendenpartys, Ausstellungseröffnungen in den großen Museen, den Poloturnieren und Essen für 1000 und mehr Dollar pro Teller, mit denen künstlerische oder soziale Organisationen unterstützt werden. Hier treffen sich die New Yorker, die in der Stadt etwas gelten, und lächeln kurz in die Kameras der Klatschpresse. Internationale Aufmerksamkeit für das, was sie anziehen, erregen jährlich die Gäste der Gala des Costume Institute des Metropolitan Museum, da steht auf der Einladung auch *»Black tie«*, gemeint ist aber: je ausgefallener, desto besser. Eine Einladung zu diesen Anlässen ist eine Aufforderung zu spenden. Zur New Yorker Gesellschaft gehört, wer zumindest ein Stück seines Reichtums teilt. Das ist übrigens eine der Regeln, die Donald Trump nicht begriffen hat.

Zwischen Abendkleid und barfüßiger Schlampigkeit liegt ein weites Feld. Aber es wird kaum bespielt. Füße in Leder und Hälse in Kragen gehören überall in New York jenseits des Finanzbezirks zu den selteneren Erscheinungen, und in den Schränken der New Yorker scheint hauptsächlich eine modische Variante dessen zu hängen, was frühere Generationen anzogen, um im Garten zu arbeiten oder zum Fußballplatz zu gehen. Selbst der Mann in schwarzen Fahrradshorts und schwarzem Unterhemd, das sich über seinem Kugelbauch spannte und die lang und schwarz behaarten Schultern nicht bedeckte, diese erstaunlich unbekleidet wirkende Erscheinung, die ich an einem schwülen Frühsommertag in einem Museum traf, war ein New Yorker.

Der Unterschied zwischen dem, was in den Schaufenstern ausgestellt ist, und dem, was die Menschen auf der Straße tragen, ist nicht zu übersehen. Die Straßen dominieren die global verbreitete Freizeitkleidung, Turnschuhe und Jeans, T-Shirts, Trainingsanzüge, alles, was bequem ist und nach nichts aussieht. Selbst viele Banken haben den Kostüm- und Anzugzwang, der früher nur am sogenannten *casual Friday* aufgehoben war, auch an allen anderen Tagen abgeschafft. Dem Straßenbild tut das nicht gut, und das ist, obwohl die New Yorker es gern glauben würden, nicht nur die Schuld der Touristen, auch wenn diese in ihrer Masse ein erstaunliches Maß an Stillosigkeit in die Stadt bringen und immer erkennbar bleiben, wenn sie sich keine Mühe geben.

Besucher haben mich oft gefragt, wo denn nun die schönen, attraktiven New Yorker zu finden seien? Dass sie, wenn sie aus dem Haus traten, nur unauffällige, eilige, wenig eitel wirkende Menschen trafen, lag auch an der Gegend, in der ich wohnte. Die Upper West Side ist ein funktionierendes, geschäftiges Viertel mit vielen Läden und Restaurants, für deren Besuch niemand, der anderswo wohnt, in die Subway steigt. Umgekehrt fahren die Bewohner der Upper West Side durchaus nach Greenwich Village oder in die anderen Viertel von Downtown, wenn sie ausgehen wollen. Die Upper West Side ist nicht chic, und sie ist nie chic gewesen. Traditionell haben sich hier Schriftsteller und Musiker niedergelassen, später, wegen der Parks und wegen der großen Wohnungen in massigen Häusern, kinderreiche Familien. Erst seit den 90er-Jahren ist es teuer geworden, hier zu wohnen, davor galt die Gegend als – im Gegensatz zur Upper East Side – heruntergekommen, Zimmer wurden stunden- oder tageweise vermietet, die Straßenkriminalität war hoch, der Drogenkonsum auch.

Inzwischen ist das Viertel längst aufgeräumt, wie fast der ganze Rest der Stadt. Es stehen einige grandiose Mietshäuser aus der Zeit zwischen den beiden Weltkriegen hier, die noch immer als die goldene Zeit des New Yorker Wohnungsbaus gilt. Und bis in den April des Jahres 2007 hinein konnte man auf der Upper West Side noch Menschen auf Pferden mitten im Verkehr zwischen den Autos hindurch in Richtung Central Park reiten sehen. An der 89. Straße, eineinhalb Blöcke vom Park entfernt, lag die Claremont Riding Academy, ein Stall in einem denkmalgeschützten Haus aus dem späten 19. Jahrhundert, in dem erfahrene Reiter ein Pferd zum Ausritt leihen und Pferdebesitzer ihre Tiere unterstellen konnten. Die ganze Gegend roch nach Pferdemist. Als Claremont geschlossen wurde – die Kosten waren explodiert, die Kundenzahl aber zurückgegangen –, war das zumindest für die New Yorker Reiter, die sich als die Einzigen verstanden, die in der Lage waren, im brausenden Stadtverkehr hoch zu Pferd sicher, in korrekter Reiterkluft und mit einiger Grazie zum Parkeingang zu kommen, das Ende einer Ära. Einer Ära, an deren Anfang die Bewohner zweier der berühmtesten Wohnhäuser des Viertels, des Apthorp und des Dakota Building, sich noch mit der Kutsche in den Innenhof ihrer Quartiere fahren lassen konnten. Im Apthorp, in dem ich eine Weile gewohnt habe, wurde das Rondell, um das einst die Kutschen kurvten, für Halloween von den Kindern im Haus dekoriert. Sie bemalten die Papiertüten, die der nahe gelegene Lebensmittelladen immer noch ausgab, mit furchterregenden Gesichtern, nähten Wollknäuel als Haarbüschel daran und stülpten die Tüten dann über die Laternen, sodass die Köpfe dämonisch leuchteten, wenn es dunkel geworden war. »Hexensabbat« hieß das, die Kinder trommelten, als galoppierten Pferde über das Pflaster, und dazu servierten sie selbst gebackene Kekse.

Sonst gibt es auf der Upper West Side, wo schon die Eröffnung eines passablen Restaurants eine Nachricht wert ist, nichts zu sehen. Deshalb kommen Touristen in der Regel nicht dorthin. Einen Schub Eleganz erlebt man hier nur mit der Ankunft neuer Immigrantinnen. Die Polinnen brachten vor ein paar Jahren einen etwas strengen, geometrischen Stil mit ins Viertel, die Russinnen, die einige Zeit später kamen, trugen fließende halblange Kleider auf eine besonders kecke Art, die Brasilianerinnen kombinierten wilde Farben und zogen alles Mögliche übereinander an. Doch einen Trend begründeten sie nie.

Wo also begegnen Sie den chicen New Yorkern? Auf der anderen Seite des Central Park, der Upper East Side, finden Sie zumindest die Läden, in denen all das hängt, was im Straßenbild in vielen Vierteln so bitter fehlt. Die Madison Avenue zwischen 57. und etwa 88. Straße ist die erste Adresse für die Geschäfte nahezu aller Modemacher der Welt, der eigenen, wie Donna Karan, Ralph Lauren, Carmen Herrera oder des Schuhmachers Stuart Weitzmann, der europäischen, vor allem aus Frankreich und Italien, und der japanischen natürlich. Die bestangezogenen und am sorgfältigsten auf ihren Stil bedachten Menschen treffen Sie, wenn Sie in einen dieser Läden gehen: Das Verkaufspersonal trägt, was es verkaufen soll. Eine gewisse Eleganz erwartet es auch von den Kunden. Downtown, neben der Highline, im ehemaligen Meatpacking District und in SoHo ist das Angebot ausgefallener, vielfältiger. Teuer, so werden Sie feststellen, ist es überall.

Wenn Sie großes Glück haben, treffen Sie in diesen Läden einen Kenner. Meistens ist es keiner der Verkäufer, die sich oft durch grenzenlose Unkenntnis, gepaart mit ebensolcher Blasiertheit, lächerlich machen, sondern ein anderer Kunde. Sie erkennen den Modegenießer daran, wie er ein einfaches Hemd dreht und wendet, um zu sehen, wo die Nähte am Kragen verlaufen, oder wie er die Versäuberung der Nahtzugaben am Futter einer Hose oder eines Kleids begutachtet. Mit der Kleidung, die er trägt, einer experimentellen Mischung aus klassischen und avantgardistischen Stücken, zaubert er jenen überwältigenden Glamour herbei, der keinen Formeln folgt. Manche dieser Kenner sind übrigens selbst Modemacher, die so genau hinschauen und sich manchmal auch Notizen machen, weil sie später kopieren wollen, was sie gesehen haben. In ihrer Gegenwart jedenfalls werden Sie sich in schlecht sitzenden Hosen unwohl fühlen. Deshalb hat, wer auf der Madison Avenue oder in den Downtown-Läden einkaufen will, gut angezogen mehr Spaß an der Suche. In den kleinen Restaurants zwischen den Modeläden, die im Frühjahr ihre Front öffnen und ihre Tische halb auf den Bürgersteig stellen, damit die Gäste sehen können, wer vorbeigeht, und damit sie selbst gesehen werden, herrscht ein elegantes, dezentes und sehr teures Einerlei in gedeckten Farben. Nur die berüchtigten *ladies who lunch* – Frauen oder ehemalige Frauen reicher Männer, die viel Freizeit haben – machen manchmal mit schwerem Schmuck und bunten Tüchern auf sich aufmerksam.

Die teuren Wohnmeilen auf der Upper East Side liegen zwischen der Fifth und der Third Avenue, und mittendrin die Madison Avenue mit ihren sündigen Luxusläden und die Park Avenue mit den Traumwohnungen für Besitzer alten oder sehr viel neuen Geldes. Auch hier stehen einige der berühmten Apartmenthäuser aus der Zwischenkriegszeit, bei denen es sich lohnt, einmal nach oben zu blicken oder, wenn man Glück hat und der *doorman* wegschaut, in die Lobby zu schleichen. Über das berühmteste von ihnen, 740 Park Avenue, ist ein ganzes Buch geschrieben worden. Seine Kapitel haben Überschriften wie »Altes Geld«, »Ölgeld«, »Neues Geld«, »Geliehenes Geld«, »Anderer Leute Geld« – Sie sehen, worum es sich handelt, und können sich vorstellen, wer hier wohnt oder einmal gewohnt hat. Nick Carraway, Scott Fitzgeralds Erzähler im *Großen Gatsby,* nannte diese Art zu leben die »tröstende Nähe unter Millionären«. Im Fall von 740 Park Avenue, dessen Apartments Eigentumswohnungen sind, achten die Millionäre, die häufig Milliardäre sind, sehr genau darauf, wen sie in ihre Gemeinschaft aufnehmen. Abgelehnt worden sein sollen über die Jahrzehnte von der Hausgemeinschaft nicht nur einst Hollywoodstars wie Joan Crawford, sondern auch der Daimler-Benz-Erbe Friedrich Christian Flick und der russische Plutokrat Leonard Blavatnik.

In den Querstraßen zwischen den Avenuen finden Sie etablierte Kunstgalerien, Antiquitätenläden und einige der schönsten und natürlich auch teuersten Antiquariate New Yorks. Selbstverständlich sind die Menschen, denen Sie zu den Geschäftszeiten hier auf der Straße begegnen, deutlich eleganter, auch deutlich formeller gekleidet als die Angestellten der koreanischen Gemüseläden oder Schlüsseldienste, die auf der anderen Seite des Parks ihr Brot verdienen. Abends allerdings, wenn auf der Westseite, am Broadway und in der Columbus Avenue, noch viel Betrieb ist und die Läden bis weit in die Nacht geöffnet haben, liegen große Teile der Upper East Side ganz menschenleer da. Die vielen sehr guten Restaurants sind zu klein, als dass ihre Gäste die Straßenzüge beleben könnten, und die meisten Geschäfte und Galerien sind ab sieben Uhr abends geschlossen. Nur manchmal sieht man am späten Abend einen Mann, vielleicht mit einem Hund an der Leine, aus einem der exklusiven Wohnhäuser auf die Straße treten. Dem *doorman* in Livree, auf dessen Messingknöpfen sich das schwache Licht sammelt, nickt er ein freundliches »Hi, George« zu und schlurft an ihm vorbei, in Flip-Flops und Shorts.

Weiß ist in New York die Farbe des Sommers. Wenn er am letzten Montag im Mai, dem Memorial Day, offiziell beginnt, dürfen einer alten Regel zufolge zur weißen Garderobe auch weiße Schuhe getragen werden. Am ersten Montag im September, am Labor Day, an dem der Sommer offiziell endet, kommen sie dann wieder in den Schrank. Woher diese Regel stammt, konnte mir niemand schlüssig erklären, möglicherweise hat sie allein praktische Gründe. Die Reinigungen verlangen für weiße Kleidung einen Zuschlag, und auf weiße Schuhe legen sich selbst im Sommer, wenn es trocken ist, nach kurzen Gängen dunkle Schatten. Wie dem auch sei, inzwischen ist die Regel durchlässig geworden, und manche Frauen – aber kein Mann außer dem Schriftsteller Tom Wolfe – tragen das ganze Jahr über Weiß. Damit fallen sie auf jeden Fall auf, ohne sich unmöglich zu machen.

Natürlich gibt es Ausnahmen, aber die Farbe der meisten schönen New Yorker ist Schwarz. Schauen Sie sich die Kellnerinnen und Kellner an, häufig junge Schauspieler oder angehende Tänzerinnen, die mit ihrer Kunst noch nichts verdienen. Sie tragen fast immer Schwarz, bei der Arbeit manchmal mit einer langen weißen Schürze darüber wie in Frankreich, und bei vielen hat man den Eindruck, sie prüften ihre Bühnenpräsenz vor dem Publikum der Restaurantbesucher. Ihr großer Auftritt kommt, wenn sie die wechselnden Tagesgerichte aufsagen. Bei manchen klingt das wie der Wortschwall des Auktionators auf dem Geflügelmarkt, vollkommen unverständlich auch für amerikanische Ohren. Andere benutzen Hände und Mimik, um Ihnen vorzumachen, was bald auf Ihrem Teller liegen könnte, wieder andere leiern die Tageskarte gelangweilt herunter, als hätten sie keine Hoffnung mehr, jemals eine Rolle in einem richtigen Theater zu ergattern. Oder gehen Sie nachts an den Klubs im East Village oder den hippen Hotels in SoHo und im Meatpacking District und Chelsea vorbei, und mustern Sie die Menge, die auf Einlass hofft oder die Lobby bevölkert. Atemberaubende Erscheinungen aller Hautfarben und Geschlechter stehen dort in dichten Gruppen zusammen, und an manchen Abenden hat man den Eindruck, in ganz Downtown sei niemand älter als Mitte 20. 19 in Brooklyn, wo es noch lässiger zugeht und von *black tie* nie die Rede ist. Schwarz ist auch dort die wichtigste Farbe.

Alle paar Jahre versuchen einflussreiche Modemacher, den New Yorkern einen anderen Farbton einzureden. Braun, heißt es dann, sei das Schwarz des Jahres, oder Grau. Doch niemand ist ihnen je konsequent gefolgt. Die New Yorker sind stur, das wissen Sie ja schon. Schwarz ist kleidsam und lässt den, der es trägt, noch ein wenig dünner erscheinen. Das reicht, um mit einiger Sicherheit vorherzusagen, dass die schwarze Mode, die in jeden Dresscode passt, noch lange zu den wenigen Dingen gehören wird, die sich nicht ändern in New York.

Am Strand

Natürlich ist Ihnen nicht neu, dass ganz New York eine Insel ist. Vielleicht wissen Sie auch, dass von den fünf Stadtteilen – Manhattan, Brooklyn, Queens, die Bronx und Staten Island – nur einer, nämlich die Bronx, mit dem amerikanischen Festland verbunden ist und dass es in New York mehr Brücken gibt als in Venedig. New York ist eine Wasserstadt. Im Umkehrschluss bedeutet dies, dass New York eine Küsten- und Uferstadt ist, von Stränden und Kais ganz umschlossen. Der Hurrikan Sandy 2012 hat das den New Yorkern selbst erst wieder zu Bewusstsein gebracht. Viele von ihnen hatten vergessen, dass die Halbinsel Rockaway, an der sich die Wellen brechen, die den John-F.-Kennedy-Flughafen nicht überspülen sollen, Teil ihrer Stadt ist. So war es auch während des Hurrikans. Rockaway gehört zu Queens. Es ist ein Arbeiterviertel. Doch seit Hurrikan Sandy, als vor allem Künstler und Filmstars dorthin fuhren, um unmittelbare Krisenhilfe zu leisten, ist es hip geworden und ein bisschen auch ein Künstlerviertel.

Vorher hätte Ihnen kein New Yorker erzählt, dass er an der Küste lebt. An der Ostküste, natürlich, aber das ist etwas anderes, das heißt so viel wie: Ich bin nicht aus dem Mittleren Westen, nicht aus Florida und ein Kalifornier schon gar nicht. Das Wasser selbst aber, obwohl es überall präsent ist, gehört nicht zu den Dingen, mit denen der New Yorker sich brüstet. Dennoch ist das besondere Wesen New Yorks ohne Flüsse und Meer nicht zu verstehen. Wie bei anderen im Wasser ruhenden Städten, Istanbul etwa, Hongkong oder Venedig, stehen auch in New York die Selbstbezüglichkeit, die Selbstgewissheit und die Arroganz, die sich aus dieser abgesetzten Lage mit natürlichen Grenzen ergeben, in keinem Verhältnis zur tatsächlichen Größe. Und wie bei ihnen ist auch hier der Unwille, sich von anderswoher regieren zu lassen, größer als die eigene Macht.

Mit einigem Pathos lässt sich sagen, das Wasser ist der Schlüssel zum Schicksal der Stadt. Ihre Gründer kamen übers Meer, und sie blieben wegen des Hafens und der zahlreichen Wasserwege. Ihren wirtschaftlichen Aufstieg verdankte sie ebenfalls dem Wasser, wie auch die immer neuen Wellen von Einwanderern, die mit ihren Hoffnungen, ihrer Arbeitswut und ihrem unbedingten Erfolgswillen den Pulsschlag der Stadt nie erlahmen ließen. Auf Stadtplänen, vor allem auf den historischen, auf denen die Wasserstraßen noch voller Boote sind, können Sie sehen, dass Manhattan, umarmt von zwei Flüssen und dem Meer, die Form eines Ozeandampfers hat. Und dennoch werden Sie, ebenso wie die Bewohner, in Manhattan vielleicht vergessen, dass New York eine Insel ist.

Im frühen 19. Jahrhundert wurde beschlossen, die Straßen der wachsenden Stadt im Schachbrettmuster anzulegen, mit zwölf parallelen breiten, von Nord nach Süd verlaufenden Avenuen, die von Ost nach West im Abstand von nur 61 Metern von nummerierten Seitenstraßen gekreuzt wurden. Daraus ergaben sich so zahlreiche Zugänge zu den Piers wie irgend möglich, über die das Geld New York erreichte und wieder verließ. Die geizige Raumaufteilung ließ keinen Platz für Gärten oder Parks. Die natürliche Landschaft verschwand, und es entstand eine neue mit unterirdischen Tunnelsystemen und einer Skyline am Himmelsrand. Diese Landschaft war aus Beton. Und mit dem Material wurde berühmt, wer es kontrollierte: die Betonmafia und die von ihr unterwanderten Baugewerkschaften. Erst Mitte der 80er-Jahre des 20. Jahrhunderts musste dieses Verbrecherkartell einen empfindlichen Machtverlust hinnehmen, als mit einigen anderen Dons auch der Pate Anthony Salerno für den Rest seines Lebens hinter Gitter geschickt wurde. Er starb dort 1992.

Eher als ans Wasser also denken die New Yorker an Beton, wenn es um das Fundament ihrer Stadt geht. Seit Herman Melville und Walt Whitman in der Mitte des 19. Jahrhunderts an der Südspitze Manhattans standen und aufs Meer blickten und in ihren Büchern erzählten, was sie sahen, hat wahrscheinlich kaum ein New Yorker mehr sinnend aufs Wasser geschaut. Nicht einmal zu den Inseln in der Bucht, die jeder Tourist gesehen haben muss, nach Ellis Island oder zur Freiheitsstatue, fahren die New Yorker ohne Not, wobei Not in den meisten Fällen Besucher bedeutet, die lehrreich unterhalten sein wollen. Die New Yorker leben in ihren Köpfen, mit ihren Obsessionen, ihren Geschäftigkeiten, oft am Rand der Paranoia, in der idealen Verfassung also für die Informationsgesellschaft, die Kabel braucht und nicht das Meer. Am Wasser zu wohnen galt in Manhattan lange Zeit als wenig vornehm. Auf einer ihrer Inseln, Riker's Island, haben die New Yorker das Gefängnis untergebracht, auf einer anderen, Roosevelt's Island, die Seuchenstation und Irrenanstalt.

Doch die Küste, die Piers, die Blicke über den Hafen sind den New Yorkern in den letzten Jahren deutlich ans Herz gewachsen. Das hat mit Hurrikan Sandy zu tun, der die Menschen, die in der Nähe des Wassers lebten, zusammengebracht hat, und Helfer, die aus dem Trockenen kamen, die Verletzbarkeit der Küstenstadt vor Augen führte. Heute lieben die New Yorker in Manhattan den Riverside Park fast so sehr wie den Central Park. Er ist gepflegter denn je. Am Boat Basin in Höhe der 79. Straße liegen Hausboote und Jachten, und das Café, das dort im Sommer betrieben wird, ist abends einer der beliebtesten Treffpunkte auf der Upper West Side. Nicht wegen des Essens, sondern weil es schöner liegt als fast jedes andere der Stadt. Man kann von der Ausfahrt der Autobahn an der 79. Straße durch eine Unterführung und dann hinab auf einer breiten Kurve unter der Autobahn hindurch direkt zum Café gelangen, durch den Hintereingang sozusagen, und hört durch den Autolärm schon die Musik, lange bevor man plötzlich mitten in der Menge steht. Rauchschwaden von den Grills treiben zwischen den Tischen, Kellner balancieren ihre riesigen Tabletts mit 20 oder mehr Biergläsern über den Köpfen der Gäste zu den eng aneinandergedrängten Gruppen, die auf einen Tisch warten oder gekommen sind, um mit einem Glas in der Hand den Abend stehend zu verbringen.

Das Boat Basin ist ein idealer Ort zum Flirten; mit wenigen Schritten nur erreicht man den Fluss, auf dem die Boote ein wenig schaukelnd im Wasser liegen, und wenn man nach Norden blickt, sieht man die Lichter an der wunderbar filigranen Washington Bridge heller leuchten als die Sterne. Nur im Winter lagern in den Unterführungen und auch in der Rotunde, die zum Café gehört und im Sommer gern für Hochzeiten benutzt wird, Obdachlose, einige mit ihren Hunden. Dann verdickt sich die Luft in diesen geschützten Räumen, die halb nach drinnen, halb nach draußen gehören, zu einer unerträglichen Mischung aus Fäulnis, Uringestank und Abgasen.

Doch im Sommer, wenn die *dog walker* unterwegs sind und auf den geschwungenen Wegen plötzlich ein junger Mann mit zwölf Hunden, sechs Leinen in jeder Hand, vor einem auftaucht wie eine Gestalt aus einem Kindermärchen, verwandelt sich dieser Zugang zum Café und zum Park in ein romantisches Gefilde.

Noch in den 30er-Jahren kreuzten im New Yorker Hafen mehr als 800 Schlepper, Bindeglieder im Schiffsverkehr, die das Meer mit dem Hafen und den Hafen mit dem Hudson und dem East River verbanden. Sie schoben Frachter, zogen Containerschiffe und kamen überallhin, wo andere Schiffe nicht hinkamen. Inzwischen werden in Houston in Texas mehr Tonnen Schiffsladungen gelöscht als in New York und New Jersey zusammen, und die Küstenlinie New Yorks ist den Weg vom funktionierenden zum verlassenen Hafen gegangen. Erst einmal lag alles brach, und niemand wusste etwas mit dem Küstenstreifen anzufangen. Inzwischen ist ein in jeder Hinsicht wertvolles Wohn- und Erholungsgebiet daraus geworden. Vom Hafen sind die Piers geblieben, von denen einige als Rostskelette immer noch in den Fluss ragen, Sichthindernis für die einen, Erinnerungen an die Stadtgeschichte oder Zufallskunst im öffentlichen Raum für die anderen. An die vergangene Zeit gemahnen einige stille Winkel direkt am Fluss, an denen kein Gras wächst, sondern Plastikflaschen, ein paar Zellophanfetzen und aufgeweichte Zigarettenfilter liegen. Und die neue Zeit, sie sieht man überall sonst: Die Grünflächen entlang des Hudson dehnen sich immer weiter nach Norden und nach Süden aus, sodass sich die Parks, die früher durch lange verwahrloste Uferstreifen voneinander getrennt waren, berühren und vereinen. Inzwischen erstrecken sich die gepflegten Landschaften am Fluss fast nahtlos von Inwood, dem nördlichsten Punkt Manhattans, über den Fort Tryon Park in Höhe der 190. Straße und den Riverside Park bis zur 59. Straße in Midtown. Dort geht der Riverside Park in den Hudson River Park über, der wiederum mit einigen Unterbrechungen bis nach Chelsea und Greenwich Village reicht und sich von dort stückweise nach Süden fortsetzt.

Die Größe des relativ jungen Vorhabens, den Hudson River Park zu bauen, der einmal als durchgehender Grünstreifen über Chelsea, Greenwich Village und SoHo bis ins südliche Tribeca (das ist das Viertel im ***tri**angle **be**low **Ca**nal Street*) den Fluss säumen soll, rechtfertigt den etwas großmäuligen Namen. Die Realität nähert sich ihm langsam an. Obwohl die Idee kaum weniger grandios und nicht leichter zu verwirklichen ist als die für andere Parks der Stadt, gab es keinen Landschaftsbaumeister vom Kaliber eines Olmsted oder Vaux, der mit einem umfassenden Entwurf beschäftigt gewesen wäre. Eine Erholungslandschaft mit Anlegestellen für Kanuten und Segler soll in Tribeca entstehen, dazu Restaurants und ein Open-Air-Kino für das Tribeca Film Festival. Gebaut wird, wenn Geld da ist.

Bisher ist der Hudson River Park ein schmaler Streifen mit einigen jungen, nicht ganz gesund aussehenden Bäumen und steinernen Bänken, auf der einen Seite bedrängt von dem mehrspurigen, viel befahrenen West Side Highway, auf der anderen begrenzt von den Piers, die inzwischen in die Gestaltung der Anlage einbezogen wurden. Ein paar Schiffe liegen hier, ausrangierte Kriegsschiffe und Flugzeugträger, darunter das Museumsschiff *Intrepid,* 275 Meter lang und eines der berühmtesten See-, Luft- und Raumfahrtmuseen der Welt. Einen Pier weiter laden Motorbarkassen die Touristen zur Wassertour rund um die Stadt ein. Ein paar Hundert Meter flussabwärts steht ein riesiger Sportkomplex inklusive einer *driving range*, auf der die Golfspieler ihre Bälle in hoch über dem Hudson gespannte Netze schlagen: Chelsea Piers. Die ganze autofreie Strecke am Fluss dient eigentlich nichts anderem als der Fitness und dem Geschäft, das mit ihr zu machen ist. Die asphaltierten Wege sind Rennstrecken für Fahrrad- und Rollschuhfahrer und für Jogger. Fußgänger werden als lästiges, aber überwindbares Hindernis angesehen. Niemand läuft hier, um irgendwo hinzukommen. Aber auch das hat inzwischen eine eigene Dynamik entwickelt – eine Art Ferienstimmung breitet sich im Sommer hier aus, die Menschen liegen auf den Grasflächen, schauen auf den Fluss und lassen ihr Fahrrad nicht aus den

Augen, das beste Verkehrsmittel, um sich am Fluss fortzubewegen.

Gegenüber, auf der zur Stadt gewandten Straßenseite, gelangt man in den Meatpacking District. Noch vor wenigen Jahren galt dieses Viertel in Höhe der 14. Straße als eines der unaufgeräumtesten der Stadt, das nicht nur wegen seiner Kühlhäuser für Rinderhälften berühmt war, sondern auch wegen der zahlreichen Sexklubs, die jedwede Vorlieben bedienten. Es gab Prostitution hier und wilden Sex auf den Ladeflächen der Fleischtransporter. Das Florent, dessen Eigentümer Florent Morellet einmal der »inoffizielle Bürgermeister des hippsten Viertels in New York« genannt wurde (worauf er sagte: »Ich wäre lieber seine Königin«), war ein französisches Bistro in der Gansevoort Street, das an sieben Tagen in der Woche 24 Stunden geöffnet hatte und lange Zeit das einzige Restaurant in der Gegend war. Hier trafen sich am frühen Morgen die Übriggebliebenen der vergangenen Nacht mit den Lastwagenfahrern und Arbeitern, die ihre Schicht begannen. In den 90er-Jahren machte eine Reihe von Klubs auf, in denen getrunken wurde und getanzt, Nachtleben ohne den Ruch von Gefahr. Viele der Sexklubs wurden geschlossen, die Prostituierten verschwanden, und morgens sah man bei Florent nur noch ab und zu einen Transvestiten. Investoren tauchten auf, Lagerhäuser verwandelten sich in Lofts mit atemraubendem Ausblick über den Fluss. Aus Mietern wurden Eigentümer (meistens nicht dieselben), die Preise stiegen, und alle paar Wochen eröffnete ein neues Restaurant, bei dem eine geglückte Tischreservierung ein Grund zum Prahlen war. Dann kamen die Kleiderläden und ein Kaufhaus für edle Marken, etwa gleichzeitig mit dem Highline Park, der hier beginnt. Noch hört man morgens die Lastwagen über das Kopfsteinpflaster ächzen. Doch Fleischträger in blutigen Unterhemden sieht man nicht mehr, dafür Lieferanten für die Restaurants und zwischen ihnen ein paar Nachzügler aus der Nacht. Aber das

Viertel ist nicht mehr einzigartig, wie es einmal war. Der Meatpacking District verlor, was ihn besonders machte, und wurde chic, wie vor ihm SoHo, Greenwich Village und Tribeca und nach ihm Brooklyn Park Slope oder Williamsburg, Greenpoint oder Bushwick. Das Florent schloss im Jahr 2008.

In den Lagerhäusern weiter südlich, an der Tenth Avenue, die inzwischen von Speditionen oder privaten Einlagerungsunternehmen genutzt werden, stellen heute New Yorker die Dinge unter, die in ihren kleinen Wohnungen und Schränken keinen Platz finden und von denen sie sich nicht trennen wollen. Manche ahnen, dass sie die Stadt nach ein paar Jahren verlassen und anderswo vielleicht genügend Raum haben werden, um ihre alten Sachen wieder um sich zu versammeln. Die anderen, die wissen, sie werden bleiben, glauben eigentlich nicht an einen Umzug irgendwann in ein größeres Domizil. Sie halten für die Lagerdauer nur an der Vorstellung fest, für immer besitzen zu können, was ihnen einmal wichtig war. Ist die Lagerzeit abgelaufen und müsste ein neuer Mietvertrag abgeschlossen werden, merken viele, dass ihnen diese Objekte aus der Vergangenheit nichts mehr bedeuten. Sie sparen sich das Geld für die Lagermiete, räumen ihren Verschlag und stellen alles auf den Gehsteig, von dem es am nächsten Morgen verschwunden ist.

Am East River, auf der anderen Seite der Insel, gibt sich oberhalb der 12. Straße noch niemand große Mühe mit Verschönerungen. Hier können Sie noch die Reste der untergegangenen Wasserwirtschaft sehen, den Fischmarkt, der Ihnen nur noch eine Ahnung seiner vergangenen Größe gibt, und am gegenüberliegenden Ufer in Brooklyn die vom Verfall angefressenen Werften und Lagerhallen. Die Ufer der Flüsse waren in New York, anders als in London etwa oder in Paris, immer reine Wirtschaftsflächen. Hier standen nie repräsentative Gebäude, keine Regierungspaläste, keine Kunstmuseen. Neben den Docks und den Piers wurde jeder

Meter der Küstenlinie irgendeiner maritimen Tätigkeit gewidmet. Schmiede und Schreiner arbeiteten für die Schiffsbauer, Austernhändler nahmen ihre Ware entgegen und verkauften sie umgehend weiter, Bierbrauer, Kneipiers und Huren versorgten die Seeleute und Arbeiter, wenn deren Arbeit getan war. Sie alle bewohnten den schmalen Uferstreifen, der die Stadt vom Meer und von den Flüssen trennt und der ein eigenes Universum bildete mit allem, was die Menschen brauchten, einschließlich mindestens einer im Wasser treibenden Kirche. Die anderen New Yorker durchquerten diese Welt nie, sie streiften sie nicht einmal. Denn die Verkehrsschneisen, auch die Untergrundbahn, verliefen bis in die 30er-Jahre nicht an den äußersten Rändern der Inselstadt.

Der New Yorker Hafen verlor seine Bedeutung mit Einführung der Containerschiffe in den 60er-Jahren. Statt Paletten waren es jetzt Metallcontainer, die von den Schiffen und auf die Schiffe geladen wurden, außerordentlich raumgreifende Objekte, für die in New York das Hinterland zum Lagern fehlt. Das Hafenbecken wird seit damals von der Festlandseite, von New Jersey, aus genutzt. Die New Yorker Werften verfielen, die Piers verrotteten, der Hafen schrumpfte. Und so, wie das Meer den Müll aus dem Ozean an die schmalen Strände des East River spült, treibt die Stadt, was sie nicht sehen will, hierher – die letzten Reste einer Industrie, die vom Abfall lebt, wie die Alteisenverwerter und Recyclingfirmen, und auch die Drogenabhängigen, die Obdachlosen, die Prostituierten. Die anderen New Yorker aber, die dem Wasser alles verdankten, wandten sich von seinen Ufern ab und überließen sie für Jahrzehnte der Zeit, den Elementen und dem Dreck.

Auf der Westseite, wie gesagt, hat sich das in den letzten Jahren geändert. Im Osten aber gibt es bisher nur den East River Park auf der Lower East Side. Er erstreckt sich etwa von der Montgomery Street zur 12. Straße und wird in der Mitte von der Williamsburg Bridge durchschnitten. Zwar kann man dort Fußball spielen, Baseball und Tennis, auch Fahrradwege sind da und ein Amphitheater, das seit den 30er-Jahren, als es gebaut wurde, eigentlich konstant vor sich hin verfiel. Nach dem 11. September 2001, als vor allem in Lower Manhattan investiert wurde, wurde das Theater wieder aufgebaut, und heute ist es im Sommer ein guter Ort für Konzerte. Aber nie ist man weit genug entfernt vom FDR Drive, der den Park im Westen abschließt, um zu vergessen, dass die schöneren Parks der Stadt anderswo liegen.

Auch jenseits ihrer Ränder floss auf der Insel einmal Wasser an Orten, an denen es heute niemand mehr vermuten würde. Der Kanal, dem die Canal Street ihren Namen verdankt, ist ausgetrocknet. Der Collect Pond, im 18. Jahrhundert die einzige Trinkwasserquelle New Yorks, in die gleichzeitig Abwasser geleitet und manchmal auch die Toten geworfen wurden, sodass Pest und Cholera regelmäßig die Stadt heimsuchten, wurde zwischen 1803 und 1811 abgelassen, um Raum zu schaffen für Chinatown. Und an der Fifth Avenue in Höhe der 42. Straße, wo danach das Trinkwasserreservoir lag, steht seit 1911 majestätisch die New York Public Library.

An anderen Stellen birgt das Wasser Probleme. Der Newtown Creek zum Beispiel, der die Grenze zwischen Brooklyn und Queens markiert, kann sich der größten Ölverschmutzung rühmen, die je eine Stadt heimgesucht hat. 64 Millionen Liter – etwa 22,5 Millionen Liter mehr, als bei der *Exxon-Valdez*-Katastrophe 1989 in der Arktis ausliefen – sind seit den 50er-Jahren in seinem Flussbett aus den Ölraffinerien an seinen Ufern versickert, eine Umweltkatastrophe, von der in New York nur wenige wissen und kaum einer spricht.

Immer wieder hingegen wird über den dritten Wassertunnel debattiert, ohne den die Trinkwasserversorgung New Yorks nur so lange garantiert werden kann, wie keinerlei Störfälle die Leistung der beiden bestehenden beeinträchtigt.

Mit einigem Stolz verweisen New Yorker Ingenieure auf das vielgliedrige Tunnelsystem der unterirdischen Wasserwege und Rohrleitungen, das so tief in den Boden reicht wie das Chrysler Building in die Höhe, nämlich etwa 320 Meter, und Tausende von Kilometern umspannt. Gespeist aus 19 Reservoirs und drei Seen, gelangt das Wasser von Upstate New York über Aquädukte durch die beiden Haupttunnel in den New Yorker Untergrund. 4,9 Milliarden Liter verbraucht die Stadt jeden Tag, und die Vorstellung, dass einer der Tunnel durch einen Unfall, poröse Rohre oder eine sonstige Störung nicht mehr funktionsfähig sein könnte, bereitet der Stadtregierung seit Jahrzehnten schlaflose Stunden, sobald das Thema auf die Tagesordnung rückt.

Der dritte Wassertunnel, von dem dann immer wieder geredet wird, ist seit 1969 im Bau und galt einmal als »großartigstes nichtmilitärisches Bauprojekt in der Geschichte der westlichen Zivilisation«. 24 Menschen haben im Zuge der Bauarbeiten bisher den Tod gefunden, etwa einer auf jeder Meile, die der Tunnel vorangetrieben wurde. Seine Vollendung ist nicht abzusehen, ein Datum wagt niemand zu nennen, die Sache ist einfach zu teuer. Weil eine Beschleunigung der Bauarbeiten nicht möglich scheint, haben die New Yorker Bürgermeister der vergangenen Jahrzehnte das Problem ein wenig heruntergespielt, obwohl Wasserexperten seit Langem warnen, dass eine Störung im Tunnelsystem mit großer Wahrscheinlichkeit den Totalausfall eines der beiden Haupttunnel bedeuten würde. Erst Bürgermeister Michael Bloomberg hatte im Jahr 2003 den Mut, öffentlich zu bestätigen, was Ingenieure schon lange predigen: dass die alternden Rohre außerordentlich gefährdet seien und ein Ausfall eines der Tunnel die Stadt in die Knie zwingen könnte. Der Bau von Tunnel Nummer drei ist ein Wettlauf mit der Zeit. 2020 war das Jahr, das Optimisten damals als Fertigstellungstermin nannten, und tatsächlich sind einige Teilabschnitte fertig. Doch Bloombergs Nachfolger Bill De Blasio hat die

Bauarbeiten an der Verbindung zwischen ihnen wieder auf unabsehbare Zeit verschoben.

Von diesen Problemen werden Sie aller Voraussicht nach nichts hören, wenn Sie in New York unterwegs sind. Vielleicht aber wird während Ihres Aufenthalts irgendwo unter der Straße ein großes Wasserrohr platzen, wie es regelmäßig geschieht. Die Statistik weist etwa 600 solcher Zwischenfälle jährlich aus. Vielleicht wird dann eine Kreuzung unter Wasser stehen und in den Zeitungen am nächsten Morgen zu lesen sein, dass die Wasserversorgung der Stadt zu keinem Zeitpunkt ernsthaft gefährdet war. Dann werden Sie wissen, dass die Katastrophe gerade noch einmal abgewendet wurde.

Die Wasserspeicher aus Holz oder Metall, die bis heute auf den Dächern fast aller New Yorker Häuser stehen und das Stadtbild prägen, sorgen dafür, dass auch in den Wohnungen in den oberen Stockwerken das Wasser mit einigem Druck aus den Hähnen schießen kann. Der Druck von Pumpen aus den Rohren unten reicht nur bis ungefähr zum sechsten Stock. Also werden die Tanks auf den Dächern gefüllt und die oberen Etagen von oben mit Trink- und Nutzwasser versorgt. Trotzdem ist der Wasserdruck fast überall in der Stadt jämmerlich, vor allem seit vor einigen Jahren eine Verordnung in Kraft trat, die in den Duschköpfen einen Stopper vorschreibt, der den spärlichen Wasserzufluss auch noch regulieren soll.

In anderen Städten wird bei Wassernot im Sommer das Rasensprengen und Autowaschen verboten. In New York, wo niemand einen Rasen und nicht einmal die Hälfte der Bevölkerung ein Auto besitzt, wird Wasser gespart, indem die Springbrunnen abgestellt werden und die Duschen nur noch tröpfeln dürfen. Viele, vor allem die besseren Hotels, haben eigene Pumpanlagen, die garantieren, dass der Wasserstrahl zum Duschen und auch zum Haarewaschen reicht. In den Wohnhäusern hingegen braucht man einen willigen *superintendent* oder kurz *super* – Hausmeister und Chefhandwerker in einem, den es in jedem Gebäude gibt –, der für ein großzügiges Trinkgeld bereit ist, im Keller nach einem der alten Duschköpfe ohne Stopper zu suchen und den neuen, was nicht ganz legal ist, auszutauschen. Ich wusste davon nichts, als ich in New York meine erste Wohnung bezog, und habe monatelang mit wachsender Verzweiflung das Rinnsal beschimpft, das aus meiner Dusche tropfte. Der Hinweis eines Freundes machte dem ein Ende. Beim Einzug in eine neue Wohnung verabredete ich mich seitdem immer als Erstes mit dem *super* zu einem konspirativen Kellertreffen, investierte 20 Dollar in die Zukunft unseres Verhältnisses und bekam jedes Mal einen Duschkopf so groß wie eine Untertasse und ohne Stopper.

Ein Wasserproblem, mit dem niemand gerechnet hatte, kam im Sommer 2004 über die Stadt. In den Trinkwasserreservoirs waren Ruderfußkrebse entdeckt worden, winzige Krustentierchen. Die New Yorker bilden sich auf die Trinkwasserqualität ihrer Stadt einiges ein und trinken Leitungswasser, zu Hause und auch in den Restaurants, die ungebeten immer ein riesiges Glas Eiswasser servieren, kaum dass ein Gast Platz genommen hat. So gelangten also täglich mit allen möglichen Bakterien auch Ruderfußkrebse in ihr Stoffwechselsystem. Für orthodoxe Juden war das eine alarmierende Nachricht. Krustentiere sind nicht koscher und dürfen nicht verzehrt werden. Vor allem in jenen Teilen Brooklyns, in denen die Bevölkerung überwiegend orthodox ist, beeilten sich Bäckereien, *delicatessen* und Restaurants, ihren Kunden zu versichern, dass sie nur gefiltertes Wasser verwendeten. Rabbi Abraham Zimmerman aus der Satmar-Sekte wies die privaten Haushalte an, dasselbe zu tun. Seine Forderung an die Stadtregierung aber, für koscheres Wasser zu sorgen, wurde nicht gehört. Die Umweltschutzbehörde ließ die Öffentlichkeit wissen, die Ruderfußkrebse seien von unschätzbarem gesundheitlichen Wert für das New Yorker Trinkwasser und sowieso nicht zu beseitigen.

Ob Sie im Sommer in New York sind oder zu einer anderen Jahreszeit – gehen Sie an den Strand. Das war zwar bis vor einigen Jahren jenseits der Hamptons ein Vergnügen fürs Subproletariat, aber auch das hat sich geändert. Sie brauchen, wie zu allen anderen Unternehmungen, auch hierzu kein Auto. Die Untergrundbahn bringt Sie nach Brighton Beach in Brooklyn, wo Sie nach dem Bad oder Strandspaziergang russisch essen können und verstehen lernen, warum diese Gegend »Little Odessa« genannt wird. Natürlich können Sie auch nach Coney Island fahren, ebenfalls mit der Untergrundbahn, dem Strand, der einst fürs niedere Volk geschaffen wurde mit den Vergnügungen, die man ihm zutraute. Wenn Sie für die Strecke in Manhattan den Expresszug nehmen, dauert es kaum länger als eine Dreiviertelstunde, bis Sie sich in der Masse anderer Strandbesucher verlieren können. Die Buden mit allem Möglichen, das nur in Remmidemmiparks als essbar gilt, mit Souvenirs und Tinnef jeder Art, schmücken sich inzwischen wieder mit handgemalten Schildern, wie sie auf alten Fotografien zu sehen sind. Sie waren lange verschwunden, vermodert im Lauf der Zeit. Doch vor einigen Jahren kam jemand auf die Idee, Kunststudenten und junge Künstler mit dem Malen neuer Schilder zu beauftragen, die der Budenreihe beinahe den Charme eines frühindustriellen Vergnügungsparks wiedergegeben haben. Jones Beach, Long Beach und die Strände von Rockaway gelten als deutlich hipper, was sich allerdings bereits geändert haben mag, wenn Sie dort Ihr Handtuch ablegen.

Auch im Sommer werden Sie nicht immer baden können. Das Wasser ist oft zu verschmutzt, und im Gegensatz zu früher lassen die Behörden es die Strandbesucher inzwischen wissen, wenn es so weit ist. Falls Sie einen dieser Tage am Meer erwischen, an denen die Bakterien unter sich bleiben müssen, dürfen Sie nicht auf die Idee verfallen, stattdessen in einem der Flüsse zu baden. Eine Schweizer Bekannte von mir hat das im East River einmal versucht. Innerhalb sehr kurzer Zeit wurde sie von der Wasserschutzpolizei aufgegriffen. Der Dreck, durch den sie geschwommen sein muss, war den Polizisten so einerlei wie offenbar meiner Bekannten auch. Alarmierend sind die Strömungen, die auch gute Schwimmer selbst in Ufernähe in den Tod reißen können. Verzichten Sie also notfalls auf die Erfrischung, und fahren Sie auf eine Insel. Nach Governors Island zum Beispiel. Nehmen Sie ein Fahrrad mit. Die Fährfahrt dauert exakt drei Minuten. Schon währenddessen werden Sie staunen.

Ausflug ins Meer: Governors Island

Von Weitem sieht es aus wie ein Haus. Umgeben von jungem Grün, steht es auf einem Hügel auf der Manhattan abgewandten Seite von Governors Island im New Yorker Hafenbecken. Mit vier Wänden, einem Giebeldach, einer hohen Eingangstür, drei Fenstern. Von Weitem, das heißt vom Meer aus gesehen, ist es ein Versprechen. Blendend weiß leuchtet es herüber. Ein Zeichen für die Möglichkeit, dass die, die hier ankommen, ein Zuhause finden. Von der Stadt aus ist es nicht zu sehen.

Von Nahem betrachtet aber ist alles ganz anders. Der Hügel auf der eigentlich platten Insel ist aufgeschüttet. Alles, was hier wächst, wurde sorgfältig gepflanzt. Das weiße Haus steht mit dem Rücken zur Skyline, ein Fenster blickt aufs Meer, das andere in den Hügel hinein. Und eigentlich ist es auch gar kein Haus, sondern das Gegenteil davon – das, was übrig bleibt, wenn man Gips oder Zement in den Schornstein gießt und dann Außenwände und Dach wie ein Förmchen im Sand hochhebt und wegstellt. Ein negativer Raum zusagen. Ein Zeichen, das für all die Häuser steht, die jene, die hier vorbeikamen, im ganzen Land gebaut haben. Eine

Warnung zugleich, es nicht mit Symbolen genug sein zu lassen. In diesem Haus kann niemand wohnen. Aber ist die weiße Skulptur nicht auch ein Zeichen des Widerstands, gegen die selbstzufriedene Sesshaftigkeit derer, die zuerst kamen, gegen die Hektik in der Stadt gegenüber? Ein Ort, um allein zu sein, in Stille zu sein, vom Treiben des Handels und Handelns abgewandt?

Die Turnerpreisträgerin Rachel Whiteread hat dieses Kein-Haus, das sie selbst *»cabin«* nennt, im Sommer 2016 auf dem Discovery Hill auf Governors Island gebaut. Drum herum liegen Utensilien aus Bronze, die zu einem richtigen Haus gehören, Teller, Tassen, Flaschen, ein alter Schuh, manche von ihnen auf der Insel gefunden, alle von der britischen Künstlerin in zerknüllte, zerbrochene Formen gegossen. Wenn man dort zwischen dem Abguss eines alten Schuhs und dem weißen Kein-Haus steht, hat man das gesamte Hafenbecken im Blick. Die Freiheitsstatue, Ellis Island.

Die Geschichte von Governors Island ist mit weniger Gefühl und Hoffnung aufgeladen als die der Nachbarinseln. Dafür mit mehr Gewalt. An Governors Island mussten alle Immigranten vorbei, nachdem sie das Aufnahmelager in Ellis Island durchlaufen hatten und endlich in die Stadt, ins Land gelassen wurden. Vermutlich haben nicht viele die unscheinbare Insel überhaupt eines Blickes gewürdigt. Es gab auch kaum etwas zu sehen. Ein Fort. Eine Gouverneursresidenz. Baracken, Kanonen. Die Insel durfte niemand betreten, der nicht zum Haushalt des jeweils amtierenden Gouverneurs gehörte oder zum Militär, das ihm gehorchte. Noch träumte niemand von jungem Grün oder einem weißen Haus, das eigentlich keines ist.

Ein Holländer von der Niederländischen Westindien-Kompanie soll die Insel im Jahr 1637 für zwei Äxte, eine Glasperlenkette und ein paar Nägel von den Canarsee-Indianern gekauft haben, nur 50 Jahre später widmeten die Briten sie dem ausschließlichen Gebrauch der Gouverneure Seiner

Majestät. Festungen wurden gebaut und bombardiert und neu errichtet, nach der Vertreibung der Briten dienten sie unter anderem als Gefängnis für Angehörige der Konföderierten Armee während des Bürgerkriegs. Im Ersten und Zweiten Weltkrieg wurden hier Piloten ausgebildet, Nachschub bereitgestellt und Sammelstellen für Marinesoldaten eingerichtet. Die Armee blieb bis 1966, als die Insel an die Küstenwache überging. Die Zahl der Bewohner lag über Jahrzehnte hinweg mehr oder weniger konstant bei etwa 1600 Menschen.

Die New Yorker hatten nichts davon. Die Touristen auch nicht. Sie fuhren weiterhin zur Freiheitsstatue, auf die man von Governors Island aus einen freien Blick hat, oder nach Ellis Island wegen des Museums, und für den Blick auf die Skyline von Manhattan nahmen Generationen von Besuchern kostenlos die Fähre nach Staten Island, nur um sofort wieder umzukehren und auf der Rückfahrt den Blick auf die Südspitze Manhattans zu genießen. Governors Island blieb rechts liegen.

Heute ist Governors Island nicht einfach eine Insel draußen im Hafenbecken. Governors Island ist ein Park, der Teil der Stadt werden will. Eine Ausdehnung von Downtown ins Wasser und ins Grüne, mit der Fähre in wenigen Minuten erreichbar. Downtown Manhattan ist notorisch für seinen Mangel an Bäumen und Parks. Der Highline Park, seit er in voller Länge auf der West Side mit Blick auf den Hudson begehbar ist, wurde sofort in seinem ersten Frühling eine Attraktion und ist bei jedem Wetter derart voller Menschen, dass »Park« kaum noch das richtige Wort ist. Mehr Grün im Süden Manhattans gibt es eigentlich nicht, von den Flächen in Battery Park City abgesehen, die Grünstreifen ähnlicher sehen als einem Park. Genau dies war ja der Grund, die alte Highline zum hochgelegenen Park auszubauen, mit der erhofften Nebenwirkung, die Gegend attraktiver für Immobilienentwickler zu machen, was prima geklappt hat.

Governors Island ist der Highline insofern ähnlich, als auch die Umgestaltung der Insel ein blendendes Beispiel dafür ist, wie es Manhattan, diesem Granitfelsen mit festen, engen Grenzen, immer wieder gelingt, sich auszudehnen. Wo eigentlich gar nichts mehr geht, findet sich in New York immer ein Weg, doch noch Platz zu schaffen. Landaufschüttungen, von denen schon die Rede war, sind ein alter Hut. Im Süden, im Osten, im Westen, auf den Inseln, überall steht New York längst auf Schutt und Schotter. Den ganzen südlichen Rand von Governors Island gäbe es nicht ohne den Aushub der Lexington Subway Line. Aber in einer Art exterritorialem Raum Parkanlagen zu bauen, die zur Stadt gehören, das ist selbst für New York etwas Neues. Der Highline Park schwebt über dem Boden, und der Park von Governors Island liegt im Wasser – beides Teile des Stadtgefüges in einer neuen Dimension.

New York verdankt beide Entwicklungen der Ära von Bürgermeister Michael Bloomberg. Eigentlich hatte die Stadt ihre Inseln – von Staten Island abgesehen, da wohnen vor allem die Feuerwehrleute und Polizisten – denen vorbehalten, die sie vor ihren Toren halten wollte: den Verrückten, Kriminellen, ansteckend Kranken. Oder dem Militär. Bloomberg, der die Stadt von 2002 bis 2013 regierte, machte zwar nie einen Hehl daraus, dass seine wichtigste Klientel am oberen Rand der Einkommensskala siedelt, aber einiges hat er doch auch für alle anderen getan. Dazu gehört zuallererst die Rückgewinnung der nach Ende ihrer industriellen Nutzung verwahrlosten Flussufer als Flächen für Freizeit, Sport und Erholung, die Schaffung eines Netzes aus Radwegen, der Bau ebendes Highline Park und die Rettung von Governors Island vor den kommerziellen Interessen landfressender Unternehmen. Denn sein Vorgänger im Amt, Rudolph Giuliani, hatte, als sich die Armee von dem Gelände trennte, andere Pläne damit. Sein Traum für die Insel war ein Spielkasino. Es hätte der Stadt noch mehr Einnahmen beschert als Luxuswohnungen, deren Bau ebenfalls einmal im Gespräch war, oder ein Filmstudio.

Michael Bloomberg wollte von all dem nichts wissen. Er kaufte 2003 die Insel vom Land für einen Dollar. New York war mit dem Wiederaufbau von Ground Zero beschäftigt, und niemand außer Bloomberg schien sich sonderlich für Governors Island zu interessieren. Mit dem symbolischen Kaufpreis verbanden sich allerdings Auflagen – Glücksspiel, Autos, feste Wohnungen sind verboten, Hotels könnten gebaut werden, sind bisher aber nicht in Planung. Stattdessen wird in einer *urban farm* nachhaltige Landwirtschaft unterrichtet, und im Sommer werden Feste gefeiert, Kostümfeste, Kinderpartys.

Die Insel ist nicht einmal 70 Hektar groß, man kann sie in wenigen Stunden mit dem Rad abfahren, haltmachen und immer wieder ungläubig nach Manhattan hinüberschielen, das so nah liegt, als wäre es ein Leichtes hinüberzuschwimmen. Was sich nicht empfiehlt angesichts des Schiffsverkehrs. Ein Kilometer ist es etwa. Nach Brooklyn auf der anderen Seite ist es sogar nur ein halber. Was wir nicht sehen von hier aus, ist die Form von Governors Island selbst, die Insel sieht nämlich aus wie eine Eistüte, oben rund, unten wie ein Dreieck geformt dank des Subway-Schutts, und dazwischen die grüne Hügellandschaft: The Hills – künstlich hergestellt, aber mit der Wirkung einer natürlichen geologischen Formation, bewachsen mit 800 Bäumen und zahlreichen unterschiedlichen Spezies von Büschen, Beeren, Sträuchern, eine ausgesuchte Mischung aus der Wundertüte ehrgeiziger Gartenarchitekten.

Irgendwo in diesen Hügeln soll sich die größte Rutschbahnanlage südlich von Sibirien verbergen, aber mit den Rutschen, die ich dort sah, können größere Schwimmbadrutschen mithalten. Macht nichts, die Kinder kreischten und johlten auch so, dass es eine Freude war. Gleich um die nächste Ecke lädt eine Steinlandschaft aus durcheinandergestapelten Quadern dazu ein, das Rad abzustellen und hinaufzuklettern.

Und von dort aus sieht man es dann, das Kein-Haus in Weiß. Auf einem anderen Hügel ein paar Hundert Meter entfernt. Niemand scheint von ihm Notiz zu nehmen außer mir. Ich steige hoch. Schaue über die Bucht und versuche, die Untiefe auszumachen, die zwischen Governors Island und Manhattan immer wieder einmal ein Schiff auf Grund hat laufen lassen. Diamond Reef! Aber ich kann sie nicht entdecken. Jenseits der riesigen Rasenfläche unter der *»cabin«* funkelt nur die Skyline von Manhattan.

Wege zum Ruhm: Die Bürgermeister

Es gibt sie natürlich, die Tellerwäschergeschichten, die in einem Sperrholzhäuschen in Queens beginnen und an der Park Avenue und mit einem Eintrag in der *Forbes*-Liste der reichsten Menschen der Welt enden, doch von ihnen soll hier nicht die Rede sein. Auch geht es im Folgenden nur am Rande um einige jener glücklichen Künstler, die von irgendwoher kamen und in New York für die Welt entdeckt wurden. Erzählen möchte ich vielmehr von den New Yorker Bürgermeistern. Es heißt, ihr Amt sei nach dem des Präsidenten der Vereinigten Staaten das schwerste, das im Land zu finden ist, und wahrscheinlich ist das richtig. Die New Yorker lassen sich nicht gern Vorschriften machen, und durch die Jahrhunderte bestätigen die Chronisten immer wieder und nicht ohne Stolz, dass ihre Stadt tatsächlich unregierbar sei. Mehr als 100 Bürgermeister haben es bisher dennoch versucht. Der Rest Amerikas schaut argwöhnisch zu. Schon seit der Revolution übrigens. Die Briten wollten damals den New Yorker Hafen wegen der strategisch optimalen Lage nicht aufgeben und schickten daher eine riesige Kriegsflotte, um ihn zu verteidigen. Sie hielten die Stadt und ihre Umgebung von 1776 bis 1783 besetzt. Unten in der Battery, an der Südspitze Manhattans, können Sie noch eine der Kanonen sehen, mit denen die Rebellen versuchten, gegen diese Flotte anzuschießen. Ohne Erfolg. George Washington und seine Truppen mussten bei Nacht und Nebel fliehen, und New York blieb bis zum Ende des Unabhängigkeitskrieges Tory-Land.

Knapp 90 Jahre später, in den Bürgerkriegsjahren 1861 bis 1865, zeigte sich die Stadt von der Sache der Union ebenfalls nicht wirklich begeistert. Sie unterhielt glänzende wirtschaftliche Verbindungen mit den Südstaaten, und die *draft riots,* die bereits erwähnten Aufstände gegen Abraham Lincolns Anordnung der allgemeinen Wehrpflicht, taten ein Übriges, um wahre Patrioten an der Vaterlandsliebe der New Yorker zweifeln zu lassen. Bei diesen Zweifeln ist es mehr oder weniger geblieben. Dass auch und gerade durch New York große patriotische Paraden ziehen, zum Beispiel, wenn Soldaten aus einem Krieg heimkehren, zeigt immerhin, dass die amerikanische Sache auch hier nicht ganz verloren ist. Aber erst im gemeinsamen Entsetzen über die terroristischen Anschläge vom 11. September 2001 zerstreute sich das Misstrauen der anderen Amerikaner gegenüber den New Yorkern – zumindest vorübergehend – und machte der ungeheuren Hilfsbereitschaft Platz, die das ganze Land der Stadt bezeugte. Doch längst ist der Argwohn wieder da, und längst machen Geschichten die Runde, die ihn bestätigen, etwa die von den jungen Witwen der im zusammenstürzenden World Trade Center getöteten Feuerwehrmänner, die ihre Entschädigungszahlungen für Schönheitsoperationen ausgegeben hätten. Wo in Amerika, wenn nicht in New York, können Frauen so herzlos sein?

Vielleicht liegt es an diesem schlechten Ruf – in den sich natürlich seit jeher auch der Neid auf die berühmteste Stadt der Welt mischt –, dass die Lobby New Yorks, die für staatliche Hilfestellungen sorgen könnte, in Washington bis heute nicht sehr mächtig ist. Doch wie zum Ausgleich dieser Ignoranz der Nation gegenüber ihrer größten Metropole wird kein Lokalpolitiker aus irgendeiner anderen Stadt so schnell in der Welt berühmt wie der Bürgermeister von New York. Oder fällt Ihnen der Name eines Stadtoberhaupts von Los Angeles ein, von Chicago oder Boston? Von New York aber bestimmt – und sei es Rudolph Giuliani, der die Stadt in seiner Amtszeit von 1994 bis Ende 2001 grundlegend verändert hat, der die Verbrechensrate drastisch senkte, indem er härter durchgriff als irgendjemand vor ihm, der Lebensqualität auf seine Fahnen schrieb und damit den Alltag der weißen Mittelklasse in Manhattan deutlich angenehmer gestaltete. Doch seine Unterstützung für alle Ideen des damaligen Präsidenten George W. Bush machte ihn den New Yorkern suspekt, und durch seinen Wahlkampf für Donald Trump sind selbst seine besten Tage nach den Anschlägen des 11. September, als er überall zu sein schien, wo der Bürgermeister gebraucht wurde, wieder vergessen.

Giulianis Nachfolger war bereits berühmt, als er im Jahr 2002 sein Amt antrat. Michael Bloomberg, der ein Medienimperium aufgebaut hat, das nach ihm benannt ist und ihn zum mehrfachen Milliardär machte, steht schon lange auf der *Forbes*-Liste der 400 reichsten Menschen der Welt. Und die New Yorker liebten ihn noch weniger als Giuliani. Sie lieben ihn, um genau zu sein, so wenig wie überhaupt noch keinen Bürgermeister, seit entsprechende Umfragen durchgeführt werden. Was im Übrigen nicht bedeutet, dass sie ihn nicht wiedergewählt hätten, geradeso, wie sie auch Giuliani ein zweites Mal wählten. Bloomberg wählten sie sogar ein drittes Mal, und zwar im November 2009, nachdem er unter Einsatz sehr viel Geldes und all seines Einflusses durchgesetzt hatte, dass er für eine dritte Amtszeit kandidieren durfte, was die Verfassung eigentlich nicht vorsieht. Er gewann knapper als vorausgesehen, und kaum acht Monate später waren seine Umfragewerte auf den tiefsten Punkt seiner gesamten Amtszeit gesunken, nämlich unter 50 Prozent. Und doch fand dieselbe Umfrage heraus, dass weit mehr als die Hälfte, nämlich annähernd 70 Prozent der New Yorker, glauben, sein politisches Erbe werde sich sehen lassen können.

Seit Bloomberg nach einem phänomenalen Ergebnis bei den Bürgermeisterwahlen im November 2005 seine zweite Amtszeit angetreten hatte, regierte er New York ganz offen jenseits aller Parteilinien. Nachdem er in seinen ersten vier Jahren im Amt die Tabaksucht besiegt hatte, jedenfalls dort, wo sie sich öffentlich zeigte, hatte er sich für die zweite Amtsperiode vorgenommen, eine heilige Kuh der Republikaner zu schlachten und New York zu entwaffnen, und er hat damit einigen Erfolg gehabt. Fast wichtiger noch scheint, dass er seit Langem der erste Bürgermeister war, der wieder eine Vision für die Zukunft New Yorks entwickelte, statt nur zu versuchen, die Stadt zu reparieren und einen vergehenden Status quo zu halten.

Bloomberg wollte die Weichen stellen, aus New York eine »grüne« Stadt zu machen – mit der saubersten Luft, die in Amerika zu haben ist, den größten Erholungsgebieten für die Bewohner, dem am weitesten verzweigten öffentlichen Verkehrssystem und erschwinglichen Mieten für jedermann. Von all dem ist New York heute noch weit entfernt. Und die Finanzkrise von 2008 und ihre Folgen haben dem Haushalt der Stadt schwer zugesetzt. Aber Bloomberg, der wenig angekündigt hat, das er dann nicht anging, setzte ein Komitee aus Wissenschaftlern, Stadtplanern und Umweltschützern ein, das über die Umsetzung seines Programms für die nächsten 30 Jahre wachen soll. Jahre später, als Präsident Trump aus dem Pariser Klimaabkommen ausstieg, war es Bloomberg, der sich an die Spitze eines Zusammenschlusses amerikanischer Städte stellte (und eine Menge Geld dabei ausgab), die unabhängig von ihrer Regierung die Klimaziele des Abkommens einhalten wollen. Darunter natürlich: New York.

Der erste Bürgermeister New Yorks hieß Thomas Willett, und seine Amtszeit währte das Jahr 1665 über. In den nächsten 150 Jahren amtierten seine Nachfolger nur in Ausnahmefällen länger. Gewählt war keiner von ihnen, sie wurden vom britischen Gouverneur (nach der Revolution vom Gouverneur des Staates New York) eingesetzt. Ihre Macht, wenn man es denn so nennen kann, war außerordentlich beschränkt. Im Stadtparlament saßen sie als *Primus inter Pares,* sie verfügten über kein Budget, und auch bei Personalentscheidungen hatten sie kaum etwas zu sagen. Ihr Amt aber gab ihnen immerhin die Basis, Stück für Stück ihren Machtbereich auszudehnen, ein Prozess, der immer noch nicht zum Abschluss gekommen ist. Über die Jahrhunderte verlief er von der sukzessiven Verlängerung der Amtszeiten über die Direktwahl zur langsamen Entmachtung der Stadtteilpräsidenten, von der Ausweitung ihrer Herrschaft über Budget und Personal bis zur Bedienung persönlicher Obsessionen. Rudolph Giuliani etwa, für seine Geheimniskrämerei im Amt berüchtigt, entschied bei seinem Auszug aus dem Rathaus zwischen Weihnachten und Silvester 2001 an allen Gesetzen vorbei, dass die Dokumente seiner Regierungszeit für lange Zeit nicht öffentlich zugänglich gemacht werden sollen. Michael Bloomberg wiederum, der die Sanierung des maroden Schulsystems zu einer seiner Hauptaufgaben erklärt hatte, entmachtete die Schulbehörde und setzte sich selbst als obersten Direktor aller städtischen Schulen ein. Angesichts der weitgehenden behördlichen Inkompetenz war das ein vernünftiger Schritt; es war gleichzeitig ein geschickter machtpolitischer Schachzug, der auch dem nächsten Bürgermeister nutzen wird.

1834 wurde zum ersten Mal ein Bürgermeister von den New Yorkern direkt gewählt. Es war Cornelius van Wyck, ein Demokrat. Er brauchte für den Wahlsieg genau 17 576 Stimmen. Fast alle Bürgermeister des 19. Jahrhunderts, die ihm folgten, waren Geschäftsmänner, eine Tradition, die nach einer langen Reihe hauptberuflicher Politiker im Amt mit der Wahl Michael Bloombergs wiederauflebte. Da war die Amtszeit längst auf vier Jahre ausgedehnt worden, und die Stadt stand, wie schon häufiger in ihrer Geschichte, kurz vor dem Bankrott. Ein Haushaltssanierer war gefragt, einer, der etwas von Geld verstand. Wer wäre da besser geeignet als ein Selfmademan wie Bloomberg, der über 70 Millionen Dollar seines Privatvermögens allein für seinen Wahlkampf ausgeben konnte, ohne deshalb anderswo sparen zu müssen?

New York, wie wir es heute kennen, entstand im Jahr 1898, und zwar aus dem Zusammenschluss Manhattans mit den unabhängigen Gemeinden und Dörfern, die in der Bronx und in Queens lagen, mit der Stadt Brooklyn und dem Inseldörfchen Staten Island. In dieser neuen Stadt mit fünf Stadtteilen hatte der Bürgermeister ein wenig mehr als in Kolonialzeiten, aber immer noch nicht viel zu sagen. Immerhin bescherte ihm die Konsolidierung ein symbolisch größeres Gewicht, auch wenn alle Stadtteile eigene Stadtteilpräsidenten stellten, mit denen der Bürgermeister sich in allen möglichen Kommissionen herumschlagen musste. Direkt weisungsbefugt war er ihnen gegenüber damals nicht, doch das änderte sich bald. Der erste Bürgermeister der neuen Riesenstadt hieß wirklich rein zufällig wiederum van Wyck und sorgte für den ersten Rathausskandal. Da war die neue Stadt kaum älter als ein Jahr. Van Wyck habe mit fragwürdigen Praktiken regiert, hieß es, und er wurde beschuldigt, eine halbe Million Dollar in Aktien der American Ice Company als Bestechungsgeld angenommen zu haben. Er wurde nicht wiedergewählt, obwohl Gouverneur Theodore Roosevelt ihn rehabilitierte.

Die Konsolidierung der fünf Stadtteile zu einer Großstadt nutzte vor allem Manhattan, wo seit jeher das Geld saß und auf das sich seit jeher die Träume der Neuankömmlinge richteten. Nach New York zu gehen sollte nie heißen, in

Queens zu landen, obwohl das zunächst meistens geschah. Und heute ist Queens mit seiner riesigen Ausdehnung von Long Island City, das gegenüber der Upper East Side am anderen Ufer des East River liegt, bis weit hinter den John-F.-Kennedy-Flughafen, trotz einiger Museen jener Stadtteil, den die meisten, die nicht dort leben, nur kennen, weil man ihn auf dem Weg nach Europa oder sonst wohin in der Welt durchqueren muss. Das ändert sich, je unbezahlbarer Manhattan wird.

Aber es gibt natürlich, ganz dem Aufsteigermythos entsprechend, berühmte Töchter und Söhne von Queens. Der berühmteste ist heute vermutlich Donald Trump, selbst wenn er versucht, seine Herkunft von dort möglichst vergessen zu machen. Bis Trump auf die Bühne trat, war es wahrscheinlich Paul Simon. Er stammte zwar ursprünglich aus New Jersey, wuchs aber in Forest Hill in Queens auf und schloss ein Studium an der dortigen Universität ab. Er schaffte den Sprung nach Manhattan und in die Welt, und als er 1990 im Central Park nach einer langen Karriere mit und ohne seinen Duopartner Art Garfunkel vor einer Dreiviertelmillion Menschen seine Folk-Rock-Lieder in die Nacht sang, hatte er auch *The 59th Street Bridge Song (Feelin' Groovy)* im Programm, eines seiner bekanntesten Stücke. Der Titel sagt, worum es geht – um die Brücke, die er hinter sich gelassen hat, die Brücke, die von Queens nach Manhattan führt.

Staten Island – das sich übrigens mit kurzem *a* spricht, etwa wie in »Ketten«, nicht wie in *state* – war einmal eine sumpfige Insel, umgeben von fischreichem Meer. Inzwischen ist sie das Eiland des Mülls. Fresh Kills, eine Landaufschüttung an der stadtabgewandten Seite der Insel, diente seit 1948 als Müllkippe für ganz New York. Rudolph Giuliani hatte sich durch das Versprechen, sie nach 53 Jahren endlich zu schließen, für seine Wiederwahl die entscheidenden Stimmen der Bewohner von Staten Island gesichert und schloss Fresh Kills tatsächlich 2001, kurz vor den Terroranschlägen.

Doch er musste die Halde wieder öffnen, um die knapp zwei Millionen Tonnen Schutt zu entsorgen, die vom World Trade Center übrig geblieben waren. Dort, wo seitdem tatsächlich kein New Yorker Müll mehr landet, entsteht ein Park, von dem Teile bereits eröffnet sind. Eigentlich sind es fünf ineinander übergehende Parks, und wenn sie einmal fertig sind, werden sie zusammen zweieinhalbmal so groß sein wie der Central Park. Ein Monument aus Erde auf einem Hügel mit einem offenen Blick zur Südspitze Manhattans wird an die Opfer der Anschläge des 11. September erinnern. Das aus der ehemaligen Deponie abgesaugte Methan versorgt bereits 20 000 Häuser auf der Insel mit Energie. Am Ende soll von den Giftemissionen der Deponie nichts mehr übrig sein. Die Bewohner von Staten Island glauben mit einiger Berechtigung, das sei das Mindeste, was New York für sie tun könne, und die Hinterbliebenen der Terroropfer glauben das auch.

Das Müllproblem hat Giuliani seinem Nachfolger hinterlassen und der wiederum seinem. Bis es in vielen Jahren vielleicht gelöst wird, exportiert New York seinen Abfall in benachbarte Staaten, und zwar auf Lastwagen. Das ist in jeder Hinsicht ein Irrsinn, aber so ist es nun einmal. Staten Island wird indessen, Park hin oder her, für Generationen der Stadtteil bleiben, in dem es stinkt. New Yorker fahren nur, wenn sie müssen, dorthin. Touristen allerdings besuchen die Insel regelmäßig, vorzugsweise im Abendlicht und mit der Fähre, die für das kurze Stück vom Anlegeplatz South Ferry aus (an dem auch die Subway hält) kaum 30 Minuten braucht. Sie bleiben nie, nicht einmal für ein paar Stunden, sondern wechseln im Fährbahnhof nur von der Ankunftsspur in die Abfahrtsschlange und besteigen die Fähre zurück: Vor ihnen liegt nun Manhattan, geradeso, wie es auf ungezählten Kalendern prangt, und sie fahren genau auf seine Südspitze zu. Nur für diesen Blick, mit Staten Island im Rücken, haben sie sich dorthin auf den Weg gemacht.

Brooklyn ist anders, riesig im Vergleich, und man spürt immer noch, dass es einmal eine eigene Stadt war. Bis heute ist es übrigens der Stadtteil mit den meisten Einwohnern und einer Vielfalt an Nationalitäten und Religionen, die nur in Queens übertroffen wird. Es gibt berückend altmodisch wirkende Wohnviertel dort, und ganze Schriftstellerkolonien leben in den manchmal fast kleinstädtisch anmutenden Straßen. Es gibt aber auch eine Fifth Avenue, auf der man inzwischen originellere Kleidung findet als auf der gleichnamigen Straße in Manhattan. In den Antiquitätengeschäften rund um die Flatbush Avenue kann man mit sehr viel Glück noch ein exzentrisches Möbelstück zu fairem Preis ergattern. Auf der Coney Island Avenue im Süden Brooklyns wiederum, einer vierspurigen, siebeneinhalb Kilometer langen Straße, die auf den ersten Blick vollkommen ohne Flair ist, steht man nach einem Schritt aus dem pakistanischen Viertel hinaus bereits in dem der orthodoxen Juden. Daneben leben Chinesen und Kubaner, und hier gibt es das wahrscheinlich weltweit einzige koschere Fitnessstudio. Ganz in der Nähe liegt direkt neben dem Eingang zu einer jüdischen Kindertagesstätte eine Moschee. Gruppen, die sich überall sonst bekriegen, leben auf dieser Straße nebeneinander, und sie mischen sich, was das eigentlich Erstaunliche ist.

In Brooklyn gibt es noch Viertel eines aus Manhattan schon fast verschwundenen New Yorks, Straßenzüge mit Autoreparaturwerkstätten und Handwerksbetrieben, Viertel, in denen jeder den anderen kennt und in denen noch nicht die großen Ladenketten die Tante-Emma-Läden vertrieben haben. Die *Brooklynites* sind stolz auf ihren Stadtteil, und viele von ihnen würden um keinen Preis nach Manhattan umziehen. Brooklyn besitzt mit dem Prospect Park ein fast gleichwertiges Gegenstück zum Central Park. In der Brooklyn Academy of Music, kurz BAM, gastieren die Tanz-, Opern- und Theatertruppen, über die man in London, in Paris, Tokio und Madrid spricht und zu denen auch Besucher aus Manhattan pilgern, die es ein wenig avantgardistischer lieben, als die Met es zu bieten hat. Das Brooklyn Museum, ein lange Zeit verstaubter klassizistischer Bau aus dem 19. Jahrhundert mit einer großartigen Sammlung, wurde spektakulär renoviert, bekam einen neuen Eingang und einen wunderbaren Garten und wurde innerhalb kurzer Zeit zu einem der bekanntesten Geheimtipps New Yorks.

Seit Jahren schon, seit Manhattan so teuer geworden ist, dass selbst Gutverdienende nur mühsam über die Runden kommen, wird Brooklyn immer beliebter. Und seit in Manhattan aus den Vierteln der Manufakturbetriebe, in denen viele Künstler ihren Atelier- und auch Wohnraum fanden, modische Luxusgegenden geworden sind, ziehen immer mehr der Künstler über den East River. Aber das Geld zieht ihnen nach, geradeso, wie es in SoHo war, in Tribeca, in Chelsea. Von Dumbo *(down under the Manhattan bridge overpass*, einige abgesenkte Straßen unter der Brückenauffahrt) über Williamsburg nach Greenpoint – die Viertel Brooklyns, von denen aus Manhattan noch im Blick liegt, sind inzwischen begehrte, teure Wohngegenden geworden. Die Künstler ziehen sich immer weiter zurück, und inzwischen haben nur noch die Glücklichen ein Atelier, von dem aus der Fluss zu sehen ist.

Auch Brooklyn hat natürlich berühmte Söhne. Einer der berühmtesten ist Woody Allen, und er gehört nicht zu denen, die stolz auf Brooklyn sind. Ihn zog es immer nach Manhattan. Vielleicht weil er von anderswo, und sei's auch nur aus einem anderen Stadtteil, kommt, verehrt er es mit beispielloser Inbrunst: »Er blühte auf im Gewühl und Gedränge der Menschen und Autos. Er war genauso abgebrüht und romantisch wie die Stadt, die er liebte« – so heißt es am Anfang seines Films *Manhattan*. Mit solchen und ähnlichen Sätzen und mit zauberdurchwehten Filmaufnahmen hat der Regisseur das verklärte und fast vollkommen auf Manhattan konzentrierte Bild entworfen, das den Blick einiger Generationen von New-York-Besuchern mit geprägt hat. Vielleicht gehören auch Sie zu denen, die New York zunächst auf dem Umweg über Woody Allen liebten. Dann setzen Sie sich möglicherweise als Erstes, wenn Sie nach New York kommen, am Fuß der Brooklyn Bridge auf eine Bank und versuchen sich zu erinnern, was er hier einmal zu Diane Keaton sagte.

Auch Bill de Blasio, der Michael Bloomberg Anfang 2014 ablöste und im November 2017 für eine zweite Amtszeit wiedergewählt wurde, kommt aus Brooklyn. Er ist allein dadurch schon berühmt, dass er mit einer Schwarzen verheiratet ist, und zwar als erster weißer Amerikaner, der in ein hohes Amt gewählt wurde. Von solchen Spitzfindigkeiten zu einem Zeitpunkt, zu dem Michelle Obama im Weißen Haus bereits ein gewohnter Anblick war, lebt die Geschichte des Ruhms in New York und im Rest des Landes.

Am Ende von Bloombergs Amtszeit wurde laut darüber geklagt, wie er die Stadt zwar sicher durch Krisen und die Rezession geführt, dabei aber vor allem die Interessen großer Investoren in Manhattan vertreten habe. Er musste zum Abschied von verschiedenen Seiten ganz schön Prügel einstecken. Das bedeutete aber vor allem: Es war Zeit für einen Wechsel. De Blasio will New York seinen Bürgern zurückgeben. Den Normalverdienern und denen, die Hilfe brauchen, auch wenn das bisher noch nicht richtig geklappt hat. Denn Manhattan war unter Bloomberg eine Insel des Luxuriösen geworden. Nimmt man die Amtszeiten von Bloomberg und Giuliani zusammen, so wurde New York zwei Jahrzehnte lang von Männern regiert, die mit harter Hand gegenüber den Armen, aber mit großer Freundlichkeit den Konzernen gegenüber agierten. Doch obwohl es an manchen Ecken in Midtown so aussieht, ist die Stadt immer noch kein Themenpark »New York« geworden.

Es gibt noch einen Bürgermeister, von dem ich Ihnen unbedingt erzählen will, weil seine Laufbahn unter den korrupten Bürgermeistern New Yorks, die dafür sorgten, dass sich das Image der Stadt im Rest des Landes nicht verbesserte, beispielhaft ist: James John Walker, genannt Jimmy, eine Symbolfigur des Jazz-Zeitalters. Er begann sein erwachsenes Leben als Songschreiber, doch sein Vater drängte ihn zum Jurastudium. Danach machte er eine vorbildliche politische Karriere, arbeitete sich durch die Ränge in der Stadtregierung und im Senat des Bundesstaats New York empor und sorgte persönlich für die Legalisierung des Preisboxens und sonntäglicher Baseballspiele. Zwei Männer, die im Hintergrund bleiben wollten, einer aus Manhattan, der andere aus der Bronx, benutzten Walker, um gegen den Widerstand der anderen Stadtteile den amtierenden Bürgermeister zu entthronen. Das gelang; Walker wurde 1925 mit einem grandiosen Wahlergebnis auf den Stuhl des New Yorker Bürgermeisters geschleudert. Sein Niedergang begann nach seiner Wiederwahl. Er hatte sich von Bauunternehmern bestechen lassen, die bei der Vergabe öffentlicher Aufträge bevorzugt behandelt werden wollten, und er hatte als verheirateter Mann eine aufsehenerregende Affäre mit der Schauspielerin Betty Compton, auf die auch die römisch-katholische Kirche strafend reagierte. Er tat, was das Beste war, er verließ die Stadt und das Land und verbrachte ein paar schöne Jahre in Europa. Doch 1940 übernahm er wieder ein Amt in New York. Die Stadt verstößt niemanden endgültig, der sich ihrer Möglichkeiten so blendend und mit so viel Charme zu bedienen weiß. Sein Nachfolger, Fiorello H. La Guardia, bestimmte ihn zum unabhängigen Schiedsrichter im Textilgewerbe, einst ein wichtiger Wirtschaftszweig in New York.

Was davon übrig ist, begegnet Ihnen heute noch im Garment District in den 30er-Straßen zwischen Madison und Eighth Avenue. Kleiderständer auf Rädern, behängt mit halb fertigen Anzügen oder Kostümen, Paletten voller Stoffballen, Kartons, aus denen Hüte quellen, das alles können Sie hier noch täglich sehen. Aber es leben nicht mehr so viele

Menschen davon wie früher, als die Textilindustrie New Yorks die größte in ganz Amerika war. Es gibt kaum noch Arbeit in diesen Straßen, seit in Lateinamerika oder Asien so viel billiger genäht wird. Und auch hier werden nun die leer stehenden Fabriketagen renoviert, als Luxuslofts ausgestattet und die Häuserfronten mit Sandstrahlern vom Dreck befreit. Ladengeschäfte verwandeln sich in Boutiquen und Restaurants. Bald wird der gesamte Garment District eine beliebte, eine teure Wohnadresse sein.

Fiorello H. La Guardia ist wahrscheinlich der legendärste New Yorker Bürgermeister, und das sicher nicht nur, weil er nicht einmal 1,60 Meter maß und eine so quäkende Stimme hatte, dass auch alle New Yorker Kinder ihn verehrt haben sollen und somit mehrere Generationen von ihm schwärmen. Historiker halten ihn heute für den besten amerikanischen Bürgermeister überhaupt.

La Guardia, nach dem der Inlandsflughafen und eine Straße in Greenwich Village benannt sind – La Guardia Place, zwischen Houston Street und Washington Square –, machte als Nachfolger von Jimmy Walker in seiner langen Amtszeit von 1934 bis 1945 New York zu einer Stadt, die ihre Bedürftigen besser behandelte als jede andere in den Vereinigten Staaten. Er schrieb das sogar in einen Verfassungszusatz. Er übernahm das höchste Amt in New York während der großen Depression und hat durch geschickte Verhandlung mit der Regierung in Washington dafür gesorgt, dass die Stadt wirtschaftlich, auch durch riesige öffentliche Bauprogramme und Infrastrukturmaßnahmen, wieder auf die Beine kam. Mit Robert Moses, dem zu Recht umstrittenen Park Commissioner, der New York zur autogerechten Metropole umbaute, veränderte er das Gesicht der Stadt dramatisch – Schnellstraßen wurden gebaut, die durch gewachsene Viertel führten, Brücken und Tunnel: der West Side Highway, der East River Drive, die Triborough Bridge und zwei Flughäfen.

Sein Wohlfahrtsprogramm wurde später zu einem riesigen Problem, das bis in die 90er-Jahre reichte, als jeder sechste New Yorker Sozialhilfe empfing. Giuliani, der die Zahl der Wohlfahrtsempfänger drastisch reduzieren wollte, hatte mit La Guardias Erbe einige Schwierigkeiten. Doch da in Washington gerade die staatlichen Sozialhilfegesetze geändert wurden, gelang es ihm auf ihrer Grundlage auch in New York, die städtische Verantwortung für die Armen teilweise abzuschütteln.

Die Menschen, die das existenziell betrifft, leben nur selten in Manhattan, sondern in den preiswerteren Stadtteilen, etwa in der Bronx. Von allen Stadtteilen verbindet der Fremde am ehesten mit ihr Armut, Drogen, Kriminalität, ethnische Spannungen und auch Gefahr. Das ist alles nicht ganz falsch – außer dass die Zahl der völlig bürgerlich lebenden Bronxbewohner erheblich höher ist, als es der schlechte Leumund des nördlichen Stadtteils vermuten lässt.

Richtig ist aber auch, dass in der Bronx die ärmste Gegend New Yorks liegt, die South Bronx. Hier, zwischen drei Autobahnen, 30 Müllanlagen und vier Kraftwerken, ist die Zahl der Asthmakranken höher als irgendwo sonst in den Vereinigten Staaten. Spanisch ist die gängigste Sprache unter den Einwanderern der ersten Generation, die vor allem hier leben, 30 Prozent von ihnen unter der Armutsgrenze.

Allerdings werden tatsächlich Versuche unternommen, auch die Bronx in den allgemeinen Gentrifizierungsschub einzubinden. Die Bronx wird hip, heißt es dann. Und alle paar Jahre wird in der Presse die Wiedergeburt dieses Viertels als saniertes Kleinbürgeridyll beschrieben, aber das sind zum großen Teil Märchen, wie viele der schaurigen auch. Kein Märchen ist, dass auch aus der Bronx Weltberühmtheiten kommen, etwa die multiaktive Jennifer Lopez.

Ich hatte, wie die meisten New Yorker, die in Manhattan leben, in der Bronx nicht viel zu tun und fuhr nur hin, um in dem überwältigend schönen Botanischen Garten umherzuspazieren. Was teilweise wie ein Park aussieht und 1891 unter Mitarbeit von Calvert Vaux angelegt wurde, ist eigentlich ein Museum und eine Forschungsanstalt mit Garten und Gewächshäusern. Seit einer grundlegenden Renovierung, die im Frühjahr 2004 abgeschlossen wurde, meinen viele New Yorker (aber ich gehörte nie dazu), der Botanische Garten sei glorioser noch als der Central Park. Renovierungen wie diese übrigens werden zum allergrößten Teil privat finanziert. Der Bürgermeister hat damit selten etwas zu tun. Es sei denn, er spendet als Privatmann, was Michael Bloomberg in zwei- oder dreistelliger Millionenhöhe jährlich tut.

Bloomberg selbst, der sein Charisma so dezent dosierte, dass man glauben könnte, er hätte keines, hat damit vor allem bei seinen Besuchen in den ärmeren Stadtteilen zu kämpfen gehabt. Funken sprühten nirgends, wo er auftrat, und seine für einen amerikanischen Supermanager ungewöhnliche Kommunikationsschwäche verdeckte viele seiner Verdienste. Die New Yorker Geschichte ist nicht arm an bizarren, korrupten, eigensinnigen, merkwürdigen oder auch brillanten Bürgermeistern. Bloomberg ist sicher einer der seltsamsten, ein Paradox: Die meisten New Yorker waren auf Dauer nicht mit ihm einverstanden, hielten ihn aber für intelligent, fleißig und ehrlich. Er setzte sehr viel eigenes Geld ein, um gewählt zu werden, aber sein Amt war nicht die Erfüllung seiner Träume. Es ist ein weiteres Plateau seiner Karriere, die in einem Arbeiterviertel in Boston begann, ein großes Abenteuer, dem er sich mit ebensolchem Ernst stellte wie dem Aufbau seines Medienimperiums oder dem Erwerb seines Hubschrauberpilotenscheins. Er wollte beweisen, und in vielen Bereichen ist ihm das auch geglückt, dass eine Stadt in einer psychologisch und finanziell sehr schwierigen Zeit wie eine Firma geführt werden kann. Mit derselben Unerbittlichkeit, mit der Giuliani gegen die Sexläden und Pornoklubs, gegen Bettler in Manhattan und fliegende Händler vor den Museen Sturm lief, erklärte Bloomberg New York zur Nichtraucherstadt. Er hat Steuern erhöht und städtische Dienstleistungen gekürzt. Er hat, weil es nicht anders ging, alles verordnet, was ihn unpopulär machen musste. Erstaunlich aber ist, dass er sich nicht bemühte, eine einzige dieser Maßnahmen schönzureden. Geliebt wurde er dafür nicht. Denn »New York ist wie das frühe Rom«, hat der ehemalige Bürgermeister Ed Koch, der immer für ein Zitat gut ist, einmal gesagt. Wer keinen Zirkus veranstaltet, wird ohne Beifall leben müssen.

Warum sollen wir unseren Bürgermeister lieben, fragen alteingesessene New Yorker. Er soll seinen Job tun, unseren Lebensstil und unsere Überzeugungen gegen Anfeindungen aus Washington verteidigen, dann werden wir ihn respektieren.

The Big Money

Einer der Erben eines der weltweit größten Kosmetikimperien, so wird erzählt, wollte unbedingt Vorsitzender oder wenigstens Mitglied im Aufsichtsrat eines bedeutenden New Yorker Museums werden. Einen Weg, der mit Sicherheit zu diesem reizvollen unbezahlten Posten führt, gibt es nicht, aber großzügige Geldspenden an die entsprechende Institution sind der erste Schritt, ohne den es nicht weitergeht. Außerdem wird der Aufstieg in ein solches Amt durch eine Kunstsammlung erleichtert, die der Aspirant mithilfe eines Kenners und mit der öffentlich bekundeten Absicht aufbauen sollte, sie irgendwann einem Museum zu schenken. Der Kosmetikerbe suchte sich also das Museum aus, dem er dienen wollte, sah sich die Bestände an und begann zu sammeln, was in ihnen fehlte. In diesem Fall waren das Ritterrüstungen. Nach einigen Jahren hatte er eine der bedeutendsten Rüstungssammlungen außerhalb Europas zusammengekauft. Mit ein paar der prächtigsten Stücke dekorierte er seine Wohnung an der Park Avenue, für die anderen zahlte er Miete in einer klimatisierten, bewachten und versicherten Kunstlagerhalle. Als der Zeitpunkt gekommen war, dass das

Museum einen neuen Aufsichtsratsvorsitzenden brauchte, erhöhte er das Stiftungsgeld, das er jährlich überwiesen hatte, und stellte dem Direktor die Übergabe seiner wertvollen Ritterrüstungen in Aussicht. Dieser war hocherfreut. Er nahm die Rüstungen und benannte die Säle, in denen er sie ausstellte, nach ihrem Spender. In den Aufsichtsrat kam ein anderer. Doch der Seifenerbe gab nicht auf. Er wechselte sein Sammelgebiet und wandte sich der Kunst des 20. Jahrhunderts zu, verdarb durch großzügige Gebote bei Auktionen auf Jahre hinaus die Preise auf dem Kunstmarkt und hatte schließlich eine Kollektion beisammen, die ihm bahnbrechenden Erfolg bescherte. Er wurde *chairman* nicht eines, sondern zweier Museen in New York.

Ich habe mir nie die Mühe gemacht, herauszufinden, ob die Geschichte stimmt, denn ich ahne, dass sie zum Teil geschwindelt ist. So oder so aber enthält sie eine tiefe Wahrheit und zeigt zweierlei: Geld ist alles in New York, aber man bekommt dafür nicht immer gleich, was man unbedingt haben will. Und: Ohne die immensen Gelder der Reichen gäbe es in New York keine Kunst.

Nehmen Sie die Rockefellers. Ihre Spuren durchziehen die ganze Stadt. John Davison Rockefeller, der Mitte des 19. Jahrhunderts nach New York kam und dort mit seiner Firma Standard Oil das Vermögen mehrte, das sprichwörtlich wurde, gründete drei der bedeutendsten philanthropischen Stiftungen Amerikas. Sein Sohn John D. Rockefeller jr., genannt Mr Junior, erbte alles und verschenkte großzügig: an die Stadt preiswerte Wohnanlagen in Harlem, Queens und in der Bronx sowie einige Parks, darunter den Fort Tryon Park ganz im Norden von Manhattan. In ihm liegen The Cloisters, einer der bizarrsten Orte im ganzen Land. Rockefeller schenkte das Gebäude 1938 dem Metropolitan Museum, dem er bereits 1925 seine Mittelaltersammlung vermacht hatte. In den acht Jahren von 1932 bis 1940, also mitten in der Depressionszeit, baute er das Rockefeller Center, das manche Experten für die großartigste städtische Anlage des 20. Jahrhunderts halten, eines der Wunder von New York. Und den Vereinten Nationen schenkte er 1946 das Grundstück in Turtle Bay an Manhattans East Side, auf dem sie seitdem residieren.

The Cloisters sind eine Museumsanlage für die Mittelalterabteilung des Metropolitan Museum. Die Kreuzgänge *(cloisters)* dort stammen aus fünf romanischen und gotischen Klöstern in Frankreich. Sie waren Anfang des 20. Jahrhunderts nach New York geschafft worden, wo Mr Junior sie ab 1929 hoch über dem Hudson zu dieser künstlichen Einheit zusammenfügen ließ. Alles oder fast alles dort oben ist echt, nichts gehört zusammen, ist aber phantastisch kombiniert. Sie können also am Rande Manhattans durch den originalen Kreuzgang von St.-Guilhem-le-Désert (das in der Nähe von Montpellier liegt) wandeln. Sie können in der Nachbildung eines mittelalterlichen Kräutergartens riechen, wie es in Südfrankreich vor 600 Jahren duftete. Sie können in den Vitrinen bei sanftem Licht neben anderen Beispielen wunderbarster Buchmalerei die *Belles Heures*, ein Stundenbuch des Herzogs Jean de Berry, aufgeschlagen sehen. Sie werden eine Holzgruppe finden, die Tilman Riemenschneider um das Jahr 1500 in Würzburg schnitzte, eine Fensterwand der Glasmalerei aus der Karmeliterkirche in Boppard am Rhein aus der Mitte des 15. Jahrhunderts und vor allem die legendären Einhornteppiche, sieben weltberühmte Tapisserien, die etwa zur gleichen Zeit wahrscheinlich in Brüssel gefertigt wurden. Sie können sich also in New York in einige der berührendsten, wertvollsten und ausgefallensten Kunstgegenstände des europäischen Mittelalters vertiefen und dabei sicher sein, dass sie nirgendwo besser behandelt und konserviert werden als hier. Zu den Verwaltungsetagen bringt Sie dann ein Aufzug in reinstem Art déco, der den Aufzügen im Rockefeller Center gleicht, was kein Wunder ist, denn der Architekt war derselbe.

Um Mr Juniors Bauten und Schenkungen wurde kein allzu großes Aufheben gemacht – außer um das Rockefeller Center. Es war, so hieß es, das ehrgeizigste Bauvorhaben seit der Errichtung der Pyramiden, was selbst den New Yorkern bemerkenswert erschien. Die grandiose philanthropische Geste hatte natürlich ein handfestes Fundament, denn den Rockefellers gehörten zahlreiche Grundstücke in der Gegend der Anlage, deren Wert sich nach Vollendung des Rockefeller Center vervielfachte. Heute ist sogar das Aussichtsdeck wieder zugänglich, das seit den 80er-Jahren geschlossen war – »Top of the Rock« heißt die Plattform, die tatsächlich ein Flachdach ist, ungewöhnlich für die Bauzeit, ein Aussichtsdeck, auf dem allerdings keine Deckstühle mehr stehen wie zu Zeiten der Eröffnung. Dennoch bietet es heute, nach aufwendiger Renovierung, die spektakulärste Aussicht über Manhattan, einen Panoramablick ohnegleichen. Wer hier steht und ohne Herzklopfen auf die Stadt schaut, für den ist New York der falsche Ort.

Zur gleichen Zeit etwa, in der das Rockefeller Center entstand, entwarf S. L. Roxy Rothafel die Radio City Music Hall, ein anderes Gebäude, das aus dem beispiellosen architektonischen Überschwang jener Zeit geboren wurde. Roxy Rothafel hatte einen Leitspruch, der damals für alle galt: Gib der Öffentlichkeit nicht, was sie fordert. Gib ihr etwas Besseres! So scheuten die Rockefellers keinerlei Kosten, um noch die dunkelste Ecke im Rockefeller Center so zu gestalten, als läge sie im hellen Licht, um einen Eislaufring mitten hineinzusetzen und einen muskulösen Atlas und einen riesigen Prometheus in Bronze davorzustellen, damit die Sache einladender aussah. Aber gehen Sie in die Foyers des Empire State Building, des Chrysler, des Fuller Building oder sonst eines Wolkenkratzers, der um die 30er-Jahre des 20. Jahrhunderts herum entstand, und Sie werden sehen, dass alle dasselbe taten, weil die Öffentlichkeit es von ihnen erwartete – geradeso, wie in den Dekorationen der Musicals jener Zeit der Exzess herrschte und kein Ballettmädchen ohne einen meterhohen Kopfputz seine Beine schwingen durfte und es mindestens eine halbe Hundertschaft von Mädels sein musste, die in immer waghalsigeren Formationen über die Bühne schwebten.

John D. Rockefeller jr. hatte mit seiner Frau Abby Aldrich fünf Söhne, die ihrerseits machtvoll in New York wirkten. John D. III., der älteste, arbeitete sein ganzes Leben lang in verschiedenen Stiftungen, die sich international für die Entwicklung der Landwirtschaft, bei Bildungsprogrammen und fast jeder Art von Entwicklungshilfe engagierten. In New York war er 1962 einer der Gründer des Lincoln Center for the Performing Arts, in dem auch die Metropolitan Opera untergebracht ist. Es erübrigt sich fast zu erwähnen, dass er dem Lincoln Center über 15 Jahre als Präsident des Aufsichtsrats vorstand. David wiederum, sein jüngster Bruder, ein Banker, baute in Downtown in den frühen 50er-Jahren die Chase Plaza, ließ den japanischen Designer Isamu Nogushi dort einen minimalistischen Steingarten anlegen, stellte eine Skulptur von Dubuffet daneben und sorgte mit all diesen städtebaulichen Investitionen dafür, dass der Finanzbezirk in Downtown blieb und sich nicht völlig nach Midtown verlagerte, wie es damals der Trend zu sein schien. Auch an der Planung des World Trade Center und von Battery Park City, dem neuen Stadtteil, der auf der Landaufschüttung mit dem Aushub für die Zwillingstürme entstand, war er beteiligt. Dass er und seine Bank daran glänzend verdienten, versteht sich von selbst.

In der Kunst liebte er die klassische Moderne, und so sammelte er und schenkte und blieb fast 50 Jahre lang ein einflussreicher Förderer des Museum of Modern Art, das seine Mutter mitbegründet und dem sie das zentral gelegene Grundstück an der 53. Straße geschenkt hatte. Sein Bruder Nelson, ein großer Charmeur, war Gouverneur von New York und Vizepräsident der Vereinigten Staaten. In den 60er-

Jahren versuchte er dreimal, selbst Präsident zu werden, aber das gelang ihm nicht. Auch er hatte eine Kunstsammlung. Zwischen 1932 und 1975 diente Nelson Rockefeller dem Museum of Modern Art in verschiedenen leitenden Funktionen, und mit seiner eindrucksvollen Kollektion von Stammeskunst gründete er 1954 das Museum of Primitive Art, lange bevor Stammeskunst in Mode kam.

So reich wie die Rockefellers wird heute wahrscheinlich niemand mehr, aber ein bisschen weniger reich und immer noch außerordentlich vermögend sind eine ganze Reihe von Menschen in New York. Erben natürlich wie die Söhne Estée Lauders, von denen einer im Whitney Museum, der andere im Museum of Modern Art und der Neuen Galerie seinen Einfluss geltend macht, aber auch Leute, die erst in den vergangenen Jahrzehnten reich geworden sind, zum Beispiel im Finanzbetrieb. Von ihm lebt ganz New York auf die eine oder andere Weise, die Schneider wie die Restaurants, die Fahrdienste wie die Einrichtungshäuser, Kindermädchen, Hundeausführer, Friseure, Luxusläden, nicht zuletzt die Galerien und natürlich der Stadtkämmerer, dem nichts mehr am Herzen liegt als ein Haussemarkt, weil nur er annähernd jene Steuergelder in seine Kassen treibt, die im Budget bereits verplant wurden. Und jede Krise in diesem Sektor trifft sofort die ganze Stadt. Die Einnahmen fallen, die Arbeitslosigkeit steigt. So war es auch nach dem 11. September 2001, doch schon zwei Jahre später im Sommer, als die Firmen an der Wall Street ihre Jahresprämien auszahlten, wurden Luxusimmobilien wieder ebenso knapp wie Luxuslimousinen – ein Engpass im Markt der gehobenen Güter, der jährlich in der Presse beklagt wird. In der Finanzkrise von 2008 sah es zunächst so aus, als wäre diesmal alles anders. Würde die Wall Street untergehen? Das war die bange Frage, und viele Finanzinstitute standen endgültig vor dem Aus, die entlassenen Banker waren zur Umschulung reif. Aber inzwischen ist an der Wall Street mehr oder weniger wieder alles beim Alten. Im Stadthaushalt nicht und auch nicht bei den Kleinanlegern, die ihr Geld verloren haben.

In der Finanzbranche lag das Durchschnittseinkommen 2015 bei etwas über 400 000 Dollar, dazu kommen Prämien, die auch in mittleren Etagen längst wieder die Millionengrenze überschritten haben. 404 000 Dollar Durchschnittsgehalt, das ist gut sechsmal so viel, wie der Rest der New Yorker im Jahr 2015 durchschnittlich verdiente. Am unteren Ende der Einkommensskala stehen die Köche in den Schnellrestaurants, die nicht einmal 15 000 Dollar jährlich verdienen, sich damit aber deutlich jenseits der offiziellen Armutsgrenze durchwursteln, die für eine Person bei gut 11 000, für eine vierköpfige Familie bei etwa 23 500 Dollar gezogen wird. Zwischen diesen beiden liegen alle anderen, und wie viel auch immer jeder von ihnen verdienen mag, es sind gut zehn Prozent mehr als im Rest des Landes.

Sich mit anderen zu vergleichen ist eine weitverbreitete Angewohnheit der New Yorker, eine Besessenheit geradezu. Das Boulevardblatt *Daily News* fütterte diese Wettkampfsucht mit der Veröffentlichung einer Erhebung, die für die Jahre 2001 bis 2004 ziemlich exakt die Einkommen in verschiedenen Berufsgruppen auflistete. Das war eine heroische Leistung, und auch wenn sich die absoluten Zahlen in den Jahren seitdem verändert haben, so ist das Verhältnis der Berufsgruppen doch gleich geblieben. Jeder konnte sehen, wo er mit seinem Gehalt stand. Über dem damaligen Bürgermeister Michael Bloomberg sicherlich, denn dieser verdiente als solcher nur einen Dollar jährlich, wie auch sein Stellvertreter, seine Tochter, die ebenfalls in der Stadtregierung arbeitete, einige andere Stadtdiener und auch John S. Reed, der Interims-Börsenvorstand jener Jahre. Sie alle sind so unermesslich reich, dass sie es sich leisten können, unbezahlt zu arbeiten.

Der Direktor des Museum of Modern Art bekam hingegen etwas mehr als eine halbe Million, ein paar tausend Dollar weniger als der Direktor des Metropolitan Museum, der noch dazu eine Viertelmillion jährlich für Spesen ausgeben und mietfrei an der Park Avenue in einer Wohnung leben durfte, die dem Museum gehört. Vier Millionen Dollar zahlte die amerikanische Post an den Radrennfahrer Lance Armstrong, der in ihren Farben die Tour de France gewann, einen Briefträger hingegen entlohnte sie mit kaum mehr als 45 000 Dollar. Noch weniger verdiente ein Lehrer in einer der öffentlichen Schulen, nämlich genau 39 000 Dollar, während der Direktor derselben Schule mit annähernd 116 000 Dollar im Jahr rechnen konnte. Die New Yorker, die sich ständig um ihre Erscheinung sorgen und immer Bedarf an Entspannung haben, lassen die meisten, die sich um diese Dinge kümmern, nicht in die Armut sinken. Fitnesstrainer bringen über 20 000 Dollar mehr nach Hause als Vorschullehrer, nämlich gut 50 000 Dollar, fast 59 000 sind es für Masseure und Krankengymnasten. Nur die meist jungen Frauen in den zahllosen Nagelpflegestudios, die alle paar Meter eröffnen, wie es scheint, und in denen eine Maniküre oder Pediküre bis zu 50 Dollar kostet, haben am Jahresende nicht mehr verdient als etwas über 16 600 Dollar, was etwa acht Dollar pro Stunde entspricht. Wer das weiß, verlässt nie wieder ein Nagelstudio, ohne Trinkgeld zu geben. Schönheitschirurgen wiederum standen weit oben auf der Einkommensliste mit zwischen eineinhalb und zwei Millionen Dollar, aber immer noch weit abgeschlagen hinter dem Präsidenten des Medienkonzerns Viacom, der seiner Firma fast 40 Millionen Dollar pro Jahr wert war.

2017 lag der Mindeststundenlohn in New York bei 15 Dollar, was für die Angestellten der städtischen Dienste eine Erleichterung ist. Dafür sind die Mieten extrem gestiegen. Es bleibt dabei: New York ist die Stadt mit dem größten Gefälle zwischen ihren Reichen, von denen mehr hier wohnen als in jeder anderen amerikanischen Stadt, und ihren Armen, die mit weniger als 10 000 Dollar im Jahr auskommen müssen.

Neid ist von den sieben Todsünden diejenige, die am wenigsten Spaß macht, hat ein New Yorker, der es wissen muss, einmal gesagt. Weil Neidischsein über das allgegenwärtige Konkurrenzdenken weit hinausreicht, unangenehm ist und außerdem einen üblen Leumund hat, verwandeln viele New Yorker dieses quälende Gefühl zumindest manchmal in ein Spiel. Einer meiner Freunde etwa schaute nachts auf dem Heimweg ausschließlich nach oben, um aus den noch erleuchteten Fenstern auf die Größe der dahinterliegenden Wohnungen oder auch ihren Grundriss zu schließen und sich das Leben vorzustellen, das er in einer von ihnen, die größer und besser gelegen war als seine, führen würde. Auf diese Weise schummelte er sich an dem Immobilienneid vorbei, der fast jeden New Yorker irgendwann einmal befällt. Wer hat das schönere Apartment, wer einen *doorman,* wer eine Aussicht irgendeiner Art, wer zieht zuerst in ein besseres Viertel, wer kann sich ein Haus auf dem Land oder am Strand leisten, und muss er es mit anderen teilen? Wer wohnt vielleicht *rent controlled* oder wenigstens *rent stabilized*, zahlt also nur einen Bruchteil der marktüblichen Miete für eine wahrscheinlich unverschämt großzügige Wohnung mit separatem Eingang für die Angestellten? Diese Fragen nagen an vielen; sie sind ansteckend und wuchern. Gehen die Kinder in die richtige Schule, bekommen sie ein Stipendium, machen sie sich gut, und haben sie die Aufnahme in eines der begehrten Colleges geschafft? Das sind sorgenvolle Überlegungen, die jeder für sich behält, weil ihnen meistens die Erfolgsgeschichten der Kinder anderer Leute vorausgingen, eine typische Qual bei Stehpartys unter Kollegen. Einladungen zu Premieren oder formellen Abendessen, Künstlerfesten oder Restaurant- und Kluberöffnungen – sie alle sind hoch begehrt und können bei denen, die sie nicht ergattern, heftige Neidanfälle hervorrufen. Unter Frauen ist das Ideal ein Mann, zwei Kinder, eine steile Karriere, gesellschaftlicher Glamour und ein Wochenendhaus mit vielen Gästen, und das alles in einem einzigen Leben – selten erreicht und umso heftiger beneidet, wenn es eine geschafft hat.

Meine quälendste Neiderfahrung machte ich in einem Sommer, den ich mit einer Freundin zum großen Teil in einem Haus auf Long Island in den Hamptons verbrachte, die für die New Yorker etwa den gleichen Rang haben wie Kampen auf Sylt für wohlhabende Deutsche. Das Haus hatte uns eine Bekannte vermittelt. Es gehörte einer Familie, die am Memorial Day Ende Mai regelmäßig mit Sack und Pack in ein recht unkomfortables Häuschen zog und ihr mit vielen Rüschen am Treppengeländer und altem Bauernwerkzeug an den Wänden liebevoll dekoriertes Heim Mietern überließ, die für die drei Sommermonate mehr bezahlten, als sie im Winter verdienten. Es war ein schönes, altes, neben einer weitläufigen Pferdekoppel gelegenes Long-Island-Haus, mit grauem Schiefer verkleidet, einer Terrasse und einem sehr großen Garten. Der Vermieter, Mr. White, kam manchmal vorbei und brachte frischen Fisch, den er in der Bucht geangelt hatte, und nahm ihn auch aus, wenn wir wollten. Seine jüngste Tochter mähte wöchentlich den Rasen. Am späten Nachmittag gingen wir an den Strand, der dort noch ein bisschen grandioser ist als auf Sylt, schwammen, wenn der Wellengang es zuließ, und liefen stundenlang am Wasser entlang. Auf dem Rückweg kauften wir ein, tranken vielleicht einen Kaffee im Stehen und schauten uns mit gleichgültiger Aufmerksamkeit die Leute an, die durch den Ort flanierten oder mit ihren offenen Oldtimern, importierten Luxusautos oder heulenden Sportwagen in die Dorfstraße einbogen. Wenn wir wieder auf unserer Terrasse saßen, lasen und überlegten, wann wir in die Stadt fahren müssten und ob überhaupt, fühlten wir uns fast wunschlos. Der Sommer war heiß, immer wieder kamen ein paar Freunde zu Besuch, und Mr. White, der mit jedem Fisch ein wenig länger blieb, erzählte von seinen humanitären Hilfsreisen mit der Episkopalen Kirchengemeinde, die ihn bereits nach Kuba und Haiti geführt hatten.

Die Veränderung schlich sich mit Trippelschritten in diese pastorale Stimmung. Ich bemerkte sie zum ersten Mal, als meine Freundin einem Bekannten am Telefon erklärte, wie er uns finden könne, und nicht wie bisher sagte: »An der Ampel musst du links abbiegen«, sondern: »Unser Haus liegt auf der falschen Straßenseite.« Das ist eine Beschreibung, wie sie Immobilienmakler abschätzig für Objekte auf der dem Meer abgewandten Seite der Hauptstraße benutzen, wenn sie die teureren auf der anderen vermieten wollen. Kurz darauf begann ich, das Inselblättchen zu lesen, und stellte verblüfft fest, dass wir nicht nur auf der falschen Straßenseite wohnten, sondern vom gesellschaftlichen Leben fast völlig ausgeschlossen waren. Wir hatten an keiner der glänzenden Partys, Eröffnungen und langen Klubnächte teilgenommen, von denen dort die Rede war. Der Sommer war schon halb vorbei, und wir erfuhren jetzt erst, dass wir die neuesten Läden nicht kannten, das Poloturnier verpasst hatten und dass das beste Restaurant der Gegend für den Rest der Saison ausgebucht war. Beim Einkaufen fiel mir nun auf, dass auf dem Parkplatz vor dem Supermarkt kein einziges Auto stand, das als Mittelklassewagen hätte durchgehen können. Am nächsten Tag flog meine Freundin im Café ein kurzer Ärger an, als sie bemerkte, dass das kleine Mandelblatt zum Espresso eineinhalb Dollar kostete, was ihr wochenlang einerlei gewesen war. Beide begannen wir, am Strand und im Ort den Frauen abschätzend auf die makellos gebräunten Beine zu schauen. Wir lugten verstohlen unter die verwegen wehenden Chiffonhemdchen über den Markenshorts, wir starrten den Männern auf die Bäuche, wir notierten die trainierten und die schlaffen, wir wetteten, wer geliftet war oder einen künstlichen Busen hatte, woher der Reichtum kam oder was der Alte im Cabrio mit der Zigarre im Mund, einem jungen Mädchen an der Schulter und einer Hand am elfenbeinernen Steuerrad wohl tun würde, wenn jetzt sein Handy klingelte.

Wir waren beide nicht zum ersten Mal in den Hamptons, und meine Freundin hatte früher viele Sommer mit ihrer Familie in Southampton verbracht. Wir beide liebten die Ausflüge dorthin, weil die Strände so wunderschön sind und das Meer einzigartig. Und wir kannten natürlich die absurden Ausmaße, in denen sich Reichtum hier zeigt. Aber wir hatten nicht gewusst, dass er uns auf die Dauer mit derart unangenehmen Stimmungen infizieren würde. Wir wurden so bösartig, dass wir keinen Spaß mehr daran hatten. Glücklicherweise kamen diese Gefühle nur anfallartig und begruben nicht die Tage und Wochen unter sich, die noch vor uns lagen. Manchmal mussten wir auch über uns lachen, weil wir von all den Dingen und Lebensstilen, die wir den Besitzern herrlicher Anwesen auf der richtigen Straßenseite so bitter neideten, kaum etwas haben wollten, Autos und Flugzeuge nicht, keine Silikonbrust und noch nicht einmal die Markenshorts. Die Häuser, natürlich, und die Unabhängigkeit, die diese Art von Reichtum schafft. Aber doch eigentlich nicht das Leben, das offenbar damit verbunden ist.

Das Ganze war absurd. Wir waren bei Weitem nicht so arm, wie wir uns vorkamen, wir waren weder einsam noch verkommen, und doch zerrte das schreckliche Gefühl, unser Leben sei irgendwie schäbig, an unserem Selbstbewusstsein. Der Maßstab für unsere anschwellende Unzufriedenheit waren protzige Cabriolets, die wir nicht fahren, und eine aufreizend wertvolle Strandgarderobe, die wir nicht tragen wollten. Unsere Laune litt, weil wir nicht hatten, was wir verachteten. Diese Art des Neides ist unstillbar. Vielen New Yorkern vergiftet sie das Leben. In der Literatur hat diese Erfahrung oft verheerende Folgen, in F. Scott Fitzgeralds Roman *Der große Gatsby* etwa. Wir aber saßen nur irgendwann traurig auf unserer Terrasse und wussten, dass dies für uns beide der letzte Sommer in den Hamptons war.

New York, Hollywood

Die Anzahl der Verbrechen in der Stadt ist um 400 Prozent gestiegen. Die Polizei ist machtlos. Die einzige Möglichkeit, zu verhindern, dass die Welle der Gewalt auf den Rest des Landes überschwappt, ist, Manhattan einfach dichtzumachen. Was relativ einfach ist. Die Brücken werden vermint, die Tunnel zugeschüttet, der Luftraum geschlossen. Die Insel ist isoliert. Wer jetzt noch dort ist, muss bleiben. Die Stadt ist ein Gefängnis, in dem die Insassen die Macht übernommen haben.

So stellte sich der Regisseur und Horrorspezialist John Carpenter Anfang der 80er-Jahre in seinem Film *Die Klapperschlange (Escape from New York)* vor, wie New York knapp 20 Jahre später aussehen würde. Für mich, die ich Martin Scorseses *Mean Streets* und *Taxi Driver* für beinahe wahre Geschichten aus New York ansah, waren auch dies New-York-Visionen, die ich für ungefähr realistisch hielt. Denn natürlich hatten diese Albträume für die Zukunft einiges mit dem Zustand zu tun, in dem die Stadt sich 1980 befand. Die Gegend um den Times Square ein Sündenpfuhl, die Theater auf der 42. Straße selbst nach dem Standard dämmeriger Pornokinos elendig heruntergekommen, der Broadway bevölkert von sinistren Gestalten, an vielen Ecken Feuer in Metallfässern, an denen die Obdachlosen sich wärmten. So schlimm wie das, was dieser Film daraus machte, war es allerdings nie. Und deshalb fand Carpenter die Schauplätze, die er sich ausgemalt hatte, auch nicht in New York, sondern in St. Louis, wo gerade ein entsetzliches Feuer Teile eines Stadtviertels zerstört hatte. Dort standen Carpenter und sein Team genau jenen apokalyptischen Ansichten gegenüber, die sie für ihren Film brauchten. Ergänzt von ein paar zusammengenagelten Bauten, die jeder als nach New York gehörig erkennen konnte – dem Eingang vom New Amsterdam Theater inklusive einem Straßenschild auf der 42. Straße und dem Portal der Public Library ein Stück weiter östlich –, und mit einem Prospekt der Skyline im Hintergrund ließ sich St. Louis problemlos als New York verkaufen.

Auch in Boston, in Toronto und natürlich in den Studios von Hollywood ist New York immer wieder auferstanden. Filmemacher erträumten die Stadt dort in allen Zuständen, strahlend optimistisch oder dem Untergang geweiht, und ganz gleich, wo die Kulissen standen – jeder erkennt sie sofort. New York ist unverwechselbar in den romantischen Komödien der 30er-Jahre in all ihrem Glamour, in Filmen wie *Swing Time* mit Fred Astaire und Ginger Rogers (und einer Handvoll anderer Produktionen mit diesem elegantesten aller Tanzpaare jener Zeit), in denen man den Eindruck hat, die Tage seien kurz und die New Yorker Nächte ein einziges Fest der grandiosen Garderoben für Männer wie für Frauen, der geistreichen Plaudereien in Nachtklubs hoch oben über der Stadt mit atemraubenden Blicken über die Skyline und späten Drinks in edel dekorierten Wohnungen, in die man durch prächtige Foyers weitläufiger Art-déco-Paläste schwebte. Genauso erkennbar aber ist die Stadt im Blick auf einen Hinterhof, wie ihn Alfred Hitchcock in *Fenster zum Hof (Rear Window)* Mitte der 50er-Jahre seinen Stars

James Stewart und Grace Kelly gönnte, auch wenn das, was Stewart dort sah, weniger erfreulich war. Er beobachtete einen Mord. Hitchcock drehte den Film übrigens vollständig auf einer Studiobühne in Hollywood. Auch *Swing-Time*-Regisseur George Stevens und sein Tanzpaar hatten für ihre Dreharbeiten keinen Fuß nach New York gesetzt, sondern einzig in die RKO Studios in Hollywood. Vincent Minelli baute für seinen Film *Urlaub für die Liebe (The Clock)* mit Judy Garland 1945 in Hollywood maßstabsgetreu sogar Grand Central Station nach. Selbst *The Fountainhead* von King Vidor, der von einem kompromisslosen Architekten erzählt, der sich den kommerziellen und populistischen Wünschen seiner Auftraggeber widersetzt, um seinen eigenen städtebaulichen Visionen treu zu bleiben, und das alles vor dem Hintergrund der Skyline von New York – selbst dieser Film ist ausschließlich auf einer Bühne in Hollywood entstanden.

Und auch *King Kong* stieß im Original von 1933 seinen Todesschrei auf dem Empire State Building auf einem Modell in Hollywood aus, nur eine aus der Ferne gefilmte Außenaufnahme zeigt einmal das wirkliche Gebäude. John Gullermin benutzte für sein Remake aus dem Jahr 1976 dann tatsächlich die New Yorker Straßen (aber nicht das Empire State Building war sein Starhochhaus, sondern das World Trade Center), Peter Jackson hingegen brauchte 2005 für seine *King Kong*-Version nur noch einen einstöckigen Set, der vier Straßenblöcke in der Stadt umfasste. Den Rest ergänzte er digital. Doch nur in der ersten Fassung, mit den Tricks, die wir auf den ersten Blick durchschauen, erleben wir die Essenz der Stadt, in der die traurige Geschichte vom Affen und der blonden Frau spielt. Nur hier, die gemalten Hintergründe im Blick, vor denen Miniaturen der Hochhäuser stehen, fern jeder städtischen Realität, können wir verstehen, worum es in dieser Geschichte eigentlich geht – wie in den Türmen der Stadt, die an den Himmel reichen, sich die Träume und Hoffnungen von Millionen materialisieren; wie die übergroßen Gebäude Zeugnis davon ablegen, was Menschen erreichen können; wie im Ehrgeiz der Architekten, von dem diese unvorstellbar in die Höhe schießenden Wolkenkratzer erzählen, sich der Ehrgeiz der Menschen unten in den Straßen spiegelt, Teil von etwas sehr Großem zu sein. Und wie nur das Monster, der Riesenaffe, dieser Architektur überhaupt gewachsen zu sein scheint, weil nur diese gigantische Kreatur, auf der Spitze des Empire State Building stehend und die Arme nach oben gestreckt, vielleicht tatsächlich am Himmel kratzen könnte, während weit unten in den engen Straßenschluchten, eingezwängt zwischen den Symbolen ihrer Aufstiegsträume und auch ihrer Gier, die Menschen immer kleiner werden. Hoffnung und Größenwahn, die Grausamkeit des Gelingens wie die Schrecken des Scheiterns, all das sehen wir in diesem Film. Insofern ist dieser älteste *King Kong* einer der größten New-York-Filme aller Zeiten. Und um uns all dies zu zeigen, dafür brauchte das Kino nicht die Stadt selbst, sondern nur die Idee von ihr, die auf (verglichen mit der Metropole) kleinem Raum mithilfe von Holzmodellen und einem ausgestopften Monster ihren Ausdruck fand.

Obwohl Thomas Edison 1893 das erste Filmstudio überhaupt in der Nähe von New York gegründet hatte, nämlich in West Orange in New Jersey, ist es sehr lange her, dass New York das Zentrum der amerikanischen Filmindustrie war, und selbst eingefleischte New Yorker erinnern sich kaum noch daran, dass ihre Eltern oder Großeltern davon erzählt hätten. Denn mit dem Ton, also in den späten 20er-Jahren des letzten Jahrhunderts, hatten die New Yorker Filmfirmen ein Problem – es war zu laut in der Stadt. Die Mikrofone damals zeichneten zwar den Lärm auf, der die New Yorker Luft erfüllte, aber worauf es ankam, die Dialogsätze nämlich, gingen darin unter. Und für schallisolierte Studios, wie sie dann in Hollywood entstanden, fehlte der Platz. Das ist die Kurzfassung der Gründe, warum mit Beginn des Tonfilms Los

Angeles der wichtigste Ort für Filmproduktionen in der westlichen Welt wurde und nicht New York. Dort allerdings blieben lange Zeit noch die Zentralen der Filmfirmen, ihre Geschäftsräume und Bosse: Marcus Loew mit MGM, Adolph Zukor, der Gründer von Paramount, Albert Warner, einer der Warner Brothers, David Sarnoff von RKO und William Fox. In ihren Büros am Broadway oder im Roxy Theater etwa wurden die Schecks für Clark Gable oder Cary Grant unterschrieben, und dort wurde entschieden, welcher Film gedreht wurde und welcher nicht.

New York war immer der Ort für Außenaufnahmen, für *location shoots*, gewesen, Los Angeles die Studiostadt. Und obwohl am Anfang dieses Jahrtausends im Brooklyn Navy Yard ein großes neues Studio mit allen technischen Möglichkeiten unserer Zeit entstanden ist und die Astor Filmstudios in Queens entsprechend nachgerüstet haben, ist es eigentlich bis heute dabei geblieben.

Bei der Einführung des Tonfilms war es nun so, dass in Los Angeles zwar genug Platz war, um in kurzer Zeit riesige und vollkommen lärmisolierte Studiobauten hochzuziehen, es aber nicht genügend talentierte Autoren gab, die schreiben konnten, was in den neuen Tonfilmen gesagt werden sollte. Die saßen nämlich in New York, schrieben für die zahlreichen Theater, arbeiteten in den Verlagen, versuchten, ihre Geschichten bei einem der vielen Magazine unterzubringen, oder schrieben als Journalisten für die Zeitungen. Wer schreiben und vom Schreiben leben wollte, ging nach New York, mit großen Hoffnungen und gar nicht so kleinen Chancen – bis der Börsenzusammenbruch 1929 und die folgende Wirtschaftskrise diese Perspektive verdunkelten. In Hollywood aber war Geld, und so schlug im Filmgeschäft dann doch wieder die Stunde der New Yorker (und die der Emigranten, die vor Hitler aus Europa über den Atlantik flohen). Viele von ihnen nahmen die verlockenden Angebote an, nach Hollywood zu gehen. Es waren einige bedeutende

Schriftsteller darunter, Scott F. Fitzgerald etwa und Dorothy Parker, Maxwell Anderson und Dashiell Hammett oder auch Charles Brackett, der dann mit Billy Wilder ein Team bildete.

Über die wenigsten von ihnen kann man sagen, sie wären an der Westküste glücklich geworden. Vor allem deshalb schrieben sie in den 30er- und 40er-Jahren, bevor die Filmemacher aus den Studios wieder nach draußen und auch nach New York zurückkehrten, Geschichten von ihrer Heimatstadt, wie sie ihnen in ihren Träumen erschien. »Die Zwanziger zogen in den Dreißigern nach Westen«, schrieb die berühmte Filmkritikerin des *New Yorker*, Pauline Kael. Die New Yorker Autoren in Hollywood brachten dem Kino ihren Witz, ihre großstädtische Kaltschnäuzigkeit, ihre *sophistication*. Das Rustikale verschwand von den Leinwänden, und die Zeit der Geschichten aus der Großstadt begann. Und New York wurde im Kino zur geträumten Stadt.

Selbstverständlich gibt es auch andere Städte, deren Bild wir im Kino immer wieder begegnen und die, wenn wir tatsächlich in ihnen spazieren gehen, dadurch einen ganz eigenen Reiz entfalten und in einer Art Doppelbelichtung auf uns zukommen, Paris zum Beispiel, Los Angeles, Tokio oder auch Berlin. Das Besondere an New York aber ist, dass es fast von den Anfängen der Filmgeschichte an ein Ort war, der nicht nur abgefilmt, sondern vielmehr vom Kino erschaffen wurde. Und zwar meistens in Hollywood und für lange Zeit von den New Yorkern, die dort arbeiteten. Sie schufen die Stadt *bigger than life*, sie schrieben, was Traumfiguren wie Cary Grant, Katherine Hepburn, Bette Davis sagten, sie drehten die Lichter heller und ließen den Regen auf den nächtlichen Straßen schimmern wie Silberdollars. Es scheint, das echte New York sei nach den Dokumentarfilmen der Stummfilmzeit erst mit dem Niedergang des Studiosystems und den Regisseuren des New Hollywood, die aus Prinzip *on location* drehten, mit Macht auf die Leinwand zurückgekommen.

Zwar begannen Regisseure wie Billy Wilder mit *Das verlorene Wochenende (The Lost Weekend)* und *Das verflixte siebte Jahr (The Seventh Year Itch),* dem wir das Bild von Marilyn Monroe mit hochgeblasenem Rock über einem Subway-Lüftungsschacht verdanken, und vor allem Jules Dassin mit *Stadt ohne Maske (Naked City)* bereits in den späten 40er-Jahren, in New York zu drehen, weil sie die Gleichzeitigkeit von düsteren Stimmungen und Grandezza, von grobkörnigen Straßenansichten und umwerfenden Ausblicken in keinem Studio erzeugen konnten. Und auch Blake Edwards kam für einen der berühmtesten New-York-Filme überhaupt, *Frühstück bei Tiffany,* Anfang der 60er tatsächlich zum Drehen in die Stadt. Die Schaufenster, die Feuertreppen, das Treppenhaus, die Wohnung von Audrey Hepburns Holly – das ist New York. Aber es ist eine Ansicht von der Stadt, wie sie die Filme aus den Studios zuvor geschaffen hatten, nicht, wie sie wirklich war. Die Feuertreppe, auf der Audrey Hepburn *Moon River* singt, hing irgendwo an einem Kran. Trotzdem, und obwohl niemand je geglaubt hat, das Leben zwischen New Yorker Nachbarn ähnele auch nur im Entferntesten den Zusammentreffen von Audrey Hepburn und ihrem Filmpartner George Peppard, ist New York in unserer Vorstellung aus solchen Bildern und Szenen entstanden. Eines allerdings war echt. Audrey Hepburn stand in ihrem Abendkleid von der Nacht zuvor tatsächlich eines Morgens vor den Schaufenstern von Tiffany auf der Fifth Avenue an der Ecke der 57. Straße, wo der Laden bis heute zu finden ist. Es war ein Sonntag, mit wenig Verkehr und, wie man hoffte, wenigen Neugierigen, die vor allem für Audrey Hepburn ein Graus waren. Die Polizei hatte den Block abgesperrt, um den Dreharbeiten Raum zu geben. Die Neugierigen kamen dennoch, und zwar wegen der Polizei. Sie glaubten an einen Überfall beim Juwelier.

Wirklich zurück nach New York kam das Kino aber erst einige Jahre später, von Mitte der 60er-Jahre an. Erst dann fanden Phantasien jedweder Art ihren Ort in der wirklichen Stadt. Aus all diesen Gründen ist New York für uns, die wir mit diesen so unterschiedlichen Bildern aufgewachsen sind und immer aufs Neue mit ihnen gefüttert werden, ebenso sehr eine wirkliche Stadt wie eine Phantasterei.

Es gibt kein Genre, ausgenommen vielleicht den Tierfilm, das in New York keine Schauplätze gefunden hätte. *»I love this dirty town«*, sagt Burt Lancaster 1957 in der Rolle des Starkolumnisten J. J. Hunsecker in *Sweet Smell of Success*, und er sprach vielen New Yorkern damals wie heute aus dem Herzen. Dustin Hoffman und Jon Voight erlebten in *Midnight Cowboy* von John Schlesinger Ende der 60er-Jahre die Stadt als skurrilen Albtraum der Drogen und der Prostitution; Al Pacino verübte in *Hundstage (Dog Day Afternoon)* von Sidney Lumet einen der seltsamsten Banküberfälle der Filmgeschichte; Gene Hackman sprengte in William Friedkins *French Connection – Brennpunkt Brooklyn* unter den Überführungen der hochgelegten Subway einen Drogenschmugglerring, während zur selben Zeit und dann für weitere Jahrzehnte Woody Allen die Romantik in den Neurosen der Stadtbewohner wiederentdeckte. Eine dreckige, rohe und in ihrer Unmittelbarkeit ganz neue Vision brachte Martin Scorsese, ebenfalls beginnend in den 70ern, mit *Mean Streets*, *Taxi Driver*, *After Hours* und *Goodfellas* auf die Leinwand, und mit *Gangs of New York* hat er sogar ein glaubwürdiges Historienbild der Stadt gemalt (das er allerdings in Rom in Cinecittà gedreht hat, wo sein Architekt Dante Ferretti das New York der Bürgerkriegszeit so täuschend echt nachbaute, dass er für einen Oscar nominiert wurde). Scorsese hat seinen New-York-Geschichten mit *The Wolf of Wall Street* noch eine beißend moderne Variante aus dem Finanzsektor hinzugefügt, die er *on location* gedreht hat. Letztlich sind alle seine New-York-Geschichten getränkt mit einer harten, verzweifelten und tödlichen Urbanität, wie sie auch Francis Coppolas *Pate*-Trilogie zeigt. Die Stadt ist hier ein feindseliges Gelände, in dem die Figuren stets auf Konfrontation gefasst sein müssen, ein Kampfgebiet, das nach den Codes der Banden und der Mafia, nicht nach dem Gesetz funktioniert. Jedes Mal, wenn ich am späten Nachmittag in der Gegend von East Houston und Lafayette Street unterwegs bin, wenn es regnet und die Taxis ihre Lichter auf *off duty* schalten und in die Droschkengarage dort einfahren, kommt mir das Bild von Travis Bickle, Scorseses Taxifahrer, vor Augen, wie er in genau einer solchen Garage steht und zu einem Kollegen sagt: »*Loneliness has followed me my whole life.*« Und ich spüre, während ich in einer seit damals völlig veränderten Stadt stehe, dass etwas von diesem Film immer noch gilt – dass einem überall ein Niemand begegnen kann, der die Nase voll davon hat, ein Niemand zu sein. Ein Niemand, der meint, in New York werde sich das schon ändern lassen, und sei es mit Gewalt.

Natürlich haben auch Superhelden New York zu ihrer Stadt gemacht. Batman stieg in *Gotham City* in sein schwarzes Vehikel und raste damit durch die Straßenschluchten, Spiderman erklomm die glatten Hochhausfassaden, Superman verwandelte sich in den Telefonzellen der Fifth Avenue zurück in Clark Kent, und die *Men in Black* übernahmen das Guggenheim Museum. Die *Ghostbusters* kamen als Kammerjäger der Phantasie, *Godzilla* als Schrecken aus dem Hafenbecken. Spike Lee, einer der stolzesten *Brooklynites* unter den Filmemachern, machte sich in *She's Gotta Have It* und *Do the Right Thing* und seinen anderen Filmen daran, den Rassenbeziehungen in der Stadt auf den Grund zu gehen, und bewies auch in Filmen, in denen es um etwas ganz anderes geht (*Inside Man* zum Beispiel), ein geschärftes Ohr für rassistische Untertöne innerhalb der New Yorker Polizeibehörde.

Die Fernserie *Mad Men* hingegen, die in den 60er-Jahren des 20. Jahrhunderts in einer New Yorker Werbeagentur spielt, zu einer Zeit also, als die Konsumgesellschaft erblühte und jedes Produkt mit Träumen verkauft wurde, die sich für die Käufer nie erfüllen würden, ist zwar pures New York.

(Oder jedenfalls so pur, wie es Schriftsteller wie John Cheever oder Richard Yates aus der Wirklichkeit verdichtet haben: Gierig und reich, voll immenser Intelligenz und tiefer Depression, lebensüberdrüssig, aber auch wahnsinnig attraktiv und im Kern verrottend.) Aber gedreht wurde *Mad Men* ausschließlich in Hollywood, und wir erkennen in der Ausstattung der Serie, den Kostümen, den Räumen und wie die Figuren sich in ihnen bewegen, etwas wieder, das wir aus Filmen kennen, die sich früher ihr New York zusammenträumten. Es ist diese Serie, in der das Lebensmotto formuliert wird, das wohl die meisten New Yorker unterschreiben würden und das ihre maßlose Flexibilität, unablässig Veränderungen hinzunehmen, begründet: *»Let things go so you can get what you want.«*

Was New York dem Kino zu bieten hat, das sind natürlich zuerst einmal die besonderen, oft spektakulären Schauplätze – ganz weit oben die Dächer der Hochhäuser, tief unter der Stadt die Subway, berühmte Baudenkmäler und immer wieder: Straßen. Kurt Russell, der die Titelrolle in Carpenters *Klapperschlange* spielt, landet mit einem Segelflugzeug auf dem Dach des World Trade Center, um von dort mit dem Lastenaufzug ins Inferno der nächtlichen Stadt hinabzugleiten. Der deutsche Regisseur Tom Tykwer ließ in seinem Bankenthriller *The International* Frank Lloyd Wrights Rotunde des Guggenheim mitsamt den Installationen des Videokünstlers Julian Rosefeldt in Stücke schießen. Nach dem Angriff der Außerirdischen liegt in Roland Emmerichs *Independence Day* die zusammengeklappte Freiheitsstatue im Meer. In *The Day After Tomorrow* desselben Regisseurs vereist das Metropolitan Museum. Selbst in den Räumen der Vereinten Nationen ist inzwischen gedreht worden (Nicole Kidman spielte dort *Die Dolmetscherin* für Sydney Pollack), und Wes Andersons *Royal Tenenbaums* bezogen ein burgähnliches Eckhaus in der Bronx. Alles ist da, von früher einfach stehen geblieben wie dieses Haus, als Denkmal geschützt wie die historischen Monumente, immer wieder gefilmt wie Coney Island, der Times Square und der Washington Square oder gerade erst fürs Kino entdeckt wie die Schauplätze in Brooklyn, die Spike Lee uns gezeigt hat oder Noah Baumbach in *Frances Ha*. Selbst für Autoverfolgungsjagden ist die Stadt, notorisch für ihre Verkehrsstaus, gut, wie die waghalsige Tour von Bruce Willis durch den Central Park in *Stirb langsam – Jetzt erst recht (Die Hard: With a Vengeance)* bewiesen hat. Und natürlich gibt es die Blicke von atemraubender Schönheit, die inzwischen jeder kennt – auf die Brooklyn Bridge, Lower Manhattan, den Hafen und die Freiheitsstatue von der Brooklyn Heights Promenade aus; auf Katz's Delicatessen von der gegenüberliegenden Seite der East Houston Street; in die Tavern on the Green im Central Park, das Gerichtsgebäude in Centre Street und auf all die anderen berühmten Häuser, Wolkenkratzer, Plätze und Brücken, in denen jeder die Stadt, selbst wenn er sie nur in Filmen je gesehen hat, sofort wiedererkennt. Ist es da ein Wunder, dass eine Serie, die hier spielt, gleich *Gotham* heißt und damit verspricht, zu sein wie die Stadt, dunkel und grausam und überwältigend?

Es gibt ein wunderbares Zitat von Sidney Lumet, der all seine Filme in New York gedreht hat. Er sagte: »Die Leute sind hysterisch, wenn es um New York geht. Die Hässlichkeit der Stadt ist wunderschön. Sie hat das höchste Energieniveau irgendeiner Stadt auf der Welt. Wenn man dort dreht, hat man das Gefühl, auf einem riesigen Deckel zu sitzen, der jederzeit hochfliegen und einen direkt in den Himmel schießen kann. Und diese Energie, die sehen Sie auch auf der Leinwand.«

Aber es ist nicht nur die immerwährende Faszination New Yorks, die zu dieser überwältigenden Präsenz der Stadt im Kino geführt hat. Die Stadtverwaltung hatte schon auch ihre Hände im Spiel. Es gab nämlich eine Zeit in den frühen 60er-Jahren, da wurden kaum Filme in New York gedreht.

Es sei denn auf illegale Weise, was natürlich auch geschah, zum Beispiel von John Cassavetes. Denn der bürokratische Aufwand, eine Drehgenehmigung zu bekommen (für jeden Tag und jeden Drehort eine andere), überstieg selbst die Nervenkraft gestählter Produktionsleiter. Polizei und Feuerwehr brauchten für ihre Unterstützung einen finanziellen Anschub, die Gewerkschaften wollten viel und gaben wenig. Anders wurde das erst mit Bürgermeister John V. Lindsay. Er ließ sich gern mit Leuten aus der Unterhaltungsindustrie fotografieren und wollte ihnen zur Hand gehen und sich selbst häufiger das Vergnügen ihrer Gesellschaft verschaffen. Und natürlich wusste er, dass die Filmindustrie zu einem wichtigen, zahlungskräftigen Arbeitgeber und Steuerzahler werden konnte, wenn es ihm gelänge, sie fester an die Stadt zu binden. Also richtete er 1966 das Mayor's Office of Film, Theatre and Broadcasting ein, damals das erste seiner Art auf der Welt. Sofort wurde es damit leichter und auch billiger, in New York Filme zu machen. Wovon alle etwas hatten. Und auch wenn es zwischenzeitlich noch billiger und noch einfacher war, zum Beispiel in Kanada zu drehen, ist das Filmgeschäft seitdem ein wichtiger Wirtschaftszweig der Stadt geblieben. Die Behörde im Rathaus gibt es immer noch, und als sie 2006 ihr 40. Jubiläum feierte, verkündete sie stolz die Zahl von nahezu 32 000 Produktionstagen *on location* in jenem Jahr – das heißt, an jedem Tag des Jahres wurde an ungefähr 87 Stellen der Stadt irgendetwas gedreht, ein Film, die Episode einer Serie, ein Werbeclip, ein Video. Zu ihrem 50. im Jahr 2016 veröffentlichte die Behörde eine einzige Zahl: neun Milliarden. Neun Milliarden Dollar spülte im Jahr zuvor die Film- und Fernsehindustrie in die Wirtschaft der Stadt.

Die New Yorker sind heute Dreharbeiten an jeder Ecke ihrer Stadt gewöhnt, stöhnen leise über die Behinderungen, die manchmal 20, 30 oder auch 50 Lastwagen in einer engen Straße und die entsprechende Anzahl von Leuten für ihre

Alltagsverrichtungen bedeuten, und kümmern sich ansonsten wenig darum, was gerade gefilmt wird und ob sie wohl einen Blick auf einen Star erhaschen können, der gerade nichts zu tun hat. Aber sie sind dann doch stolz, wenn sie ihr Viertel, vielleicht sogar das Haus, in dem sie wohnen, im Kino wiedersehen. Als ich nach New York zog, kannte ich nicht nur die Upper West Side aus dem Kino, zum Beispiel, weil Woody Allen hier *Der Stadtneurotiker (Annie Hall)* gedreht hatte. Ich kannte auch den Blick aus meinem Fenster auf den Verdi Square an der Subway-Station 72nd Street, der früher Needle Park hieß und in dem Al Pacino in *The Panic in Needle Park* mit seinen Freunden herumhing. Und ich kannte sogar mein Haus. Hier hatten sich in *Weiblich, ledig, jung sucht … (Single, White, Female)* Bridget Fonda und Jennifer Jason Leigh eine Wohnung geteilt und eine große Ratte in der Waschküche entdeckt.

New York wird grün

Wenn in Shanghai, in Kuala Lumpur, Seoul oder in Dubai die spektakuläreren Wolkenkratzer gebaut werden, wenn Taipeh im Wettbewerb um das höchste Haus der Welt vorübergehend besser als New York abschneidet und Kunststudenten erst mal nach London gehen wollen, bevor New York an der Reihe ist – dann wird es höchste Zeit, sich etwas einfallen zu lassen, um die eigene Einmaligkeit zu behaupten. Keinen Werbegag, dafür war New York immer zu selbstbewusst. Aber ein Konzept, mit dem die Stadt sich eine Vorreiterrolle in der Konkurrenz der Städte der Zukunft sichern kann. Die beste Idee zu diesem Zweck war die von den wenigsten erwartete: New York wird grün.

Gibt es das, eine grüne Metropole? Und ist ausgerechnet New York die beste Kandidatin für diesen Titel? Ist die Stadt, deren Verkehrschaos berüchtigt ist, deren Infrastruktur zum großen Teil aus dem 19. Jahrhundert stammt und bei deren Gestaltung von Natur niemals die Rede war, ausgerüstet für eine Zukunft, die ökologisch vorbildlich, also nachhaltig und nach menschlichem Maß sein soll? Oder lässt sie sich entsprechend verändern, ohne völlig ihr Gesicht zu verlieren?

Man kann sich der Sache von mehreren Seiten nähern. Die eine ist die offizielle Sicht der Dinge, in der ja immer alles machbar erscheint. Sie steht im Programm von PlaNYC 2030, das 127 Vorhaben, Verordnungen und Vorschriften umfasst, von denen einige schon wieder vom Tisch sind und zu denen eine Million neu gepflanzter Bäume von der Bronx bis auf die Bowery ebenso gehören wie die Umstellung der städtischen Busse und Taxis auf Hybridfahrzeuge. Bis zum Jahr 2030 soll der Kohlendioxidausstoß in New York um 30 Prozent gesenkt und New York damit Vorbild werden für alle anderen Metropolen des Landes und der Welt. Dazu sollen der Ausbau und die Modernisierung der öffentlichen Verkehrsmittel und hiermit einhergehend weniger Autos beitragen, außerdem werden die Erneuerung der beiden Wassertunnel, die New York mit Trinkwasser versorgen, und endlich die Fertigstellung des dritten wieder einmal ins Auge gefasst. Das Netz der Fahrradwege soll einmal knapp 3000 Kilometer umfassen und den Autoverkehr weiter zurückdrängen, Steueranreize für umweltverträglichere Fahrzeuge sollen geschaffen werden und der verstärkte Einsatz von Energiesparlampen auch in Privathaushalten jedem Einzelnen das Gefühl geben, er tue das Seine, damit PlaNYC Wirklichkeit werde. Auch sollen die Bürger der Stadt, die vor einigen Jahren zögernd begannen, Papier vom Restmüll zu trennen, sich mit der Zeit daran gewöhnen, ihre Abfälle in verschiedenen Eimern zu entsorgen. Schulhöfe, die nachmittags, am Wochenende und zu Ferienzeiten nicht benutzt werden, sollen als Spielplätze eine zweite Verwendung finden, was den zahlreichen Kleinkindern, die der Babyboom der letzten Jahre hervorgebracht hat, zugutekommen wird.

Demoskopen sagen voraus, die Stadt werde in den nächsten Jahren auf gut über neun Millionen Einwohner anwachsen, mehr als achteinhalb sind es bereits. Wenn sie recht haben, sind all diese Pläne keine Luxusvisionen. Und da Kontrolle in New York immer ein Thema ist, räumt es nicht zufällig den städtischen Behörden einige Kompetenzen ein, die diese bisher nicht hatten. Bloombergs Nachfolger hat auf der Grundlage von PlaNYC sein eigenes Nachhaltigkeitsprogramm aufgelegt. Es heißt OneNYC und erweitert das Ganze um die Idee, auch die soziale Ungleichheit ins Visier zu nehmen.

Das neue, das grüne New York zeigt sich bereits am Times Square. Ausgerechnet! Nach einer Probezeit im Sommer 2009 wurde die berühmteste Kreuzung der Welt endgültig zwischen der 42. und 47. Straße zur Fußgängerzone. Die hässlichen Plastikstühle, die in der Experimentierphase dort standen, haben inzwischen Metallstühlen und -tischen Platz gemacht, wie sie auch in den Parks zu finden sind. Und das Erstaunliche geschieht. Erstens sind die Stühle am nächsten Morgen noch da. Und zweitens sitzen tatsächlich bei entsprechendem Wetter nicht nur Touristen, sondern auch Angestellte der zahllosen Büros in der Gegend hier, um ihr Mittagsbrot zu essen, um zu lesen, zu telefonieren oder mit ihren anderen Geräten digitalen Anschluss zur Welt zu halten.

Das gleiche Bild am Herold Square ein paar Blöcke südlich zwischen der 33. und 35. Straße, an dem das Kaufhaus Macy's liegt. Er wurde ebenfalls für den Autoverkehr gesperrt. Voll ist es natürlich trotzdem, und die mit Einkaufstüten bepackten Menschen müssen um die Ecke gehen, um ein Taxi zu bekommen. Aber das Verkehrschaos, das die Vertreter der Automobillobby vorhergesagt hatten, blieb aus. Vielleicht war ja der Broadway, der das Schachbrettmuster der Straßen und Avenues diagonal durchschneidet und ausgerechnet am Times Square von der sechsten zur sieben Avenue hinüberführt, tatsächlich das Nadelöhr, das die nervenraubenden Staus in der Vergangenheit verursacht hatte, während er, seit er hier gesperrt ist, dem Verkehr auf den beiden großen Nord-Süd-Verbindungen nicht mehr in die Quere kommt. So sieht es bisher jedenfalls aus, und die Luft ist merklich besser geworden.

Ganz wohl fühlen sich die New Yorker, zu deren Lieblingsplätzen der Times Square und der Herold Square sowieso nicht zählen, dennoch nicht mit dieser Neuigkeit. Sie empfinden die ganze Sache, so schrieb ein Kommentator des *New Yorker*, als eine Art von der Stadt gesponserte Beruhigungszone; das berühmte Bild *Broadway Boogie Woogie*, das Piet Mondrian 1943 malte, so beklagte er sich, müsste heute als Stillleben gemalt werden. Times Square, einst verrufen, dann restauriert, sei nun endgültig zum Streichelzoo geworden, bemerkte der Talkshowmoderator David Letterman bitter, der – wie jetzt sein Nachfolger Stephen Colbert – vom Studio aus die Gegend bestens überblicken konnte, und da ist etwas dran. Wenn man sich den Tag vorstellt, an dem hier im Sommer 2009 eine Massenyogaübung veranstaltet wurde, wünscht man sich als Gegengift gegen all diese Nettigkeiten fast die versifften Pornokinos zurück. Aber es gibt nicht jeden Tag Yoga am Times Square, und die Lichter, die Reklamen und LED-Panels werden schon noch eine Weile dafür sorgen, dass es nicht gar zu artig hier aussieht und etwas bleibt von dem alten Gefühl der Überwältigung durch alles, was sich an dieser Stelle kreuzt – Konkurrenten und Kollegen aus den Medienkonzernen, die ihre Büros hier haben, Kommerz jeder Preisklasse, Unterhaltungsangebote (auch wenn sie inzwischen nur noch den Mainstream ansprechen), Kleinkriminelle und erschöpfte Touristen mit eiligen Anwohnern, der Börsenticker mit den Weltnachrichten, Datenströme mit Geschäftsideen. Nur eben keine Autos mehr. Und erinnert sei daran, dass der Broadway und der Times Square immer für irgendjemanden zu nett oder nicht nett genug gewesen sind, ganz einerlei, ob während der Prohibitionszeit der Untergang vergangener Libertinage beklagt wurde oder später, als alle niederen Instinkte wieder bedient wurden, auch dies.

Einigkeit hingegen besteht über den neuen Highline Park auf der West Side nahe dem Hudson zwischen Gansevoort und 34. Straße, der den seiner einstigen Funktion beraubten Meatpacking District mit West Chelsea und Hell's Kitchen und den neuen Hudson Yards verbindet: Die New Yorker lieben ihn ausnahmslos. Es ist in der Tat eine im wahrsten Sinn überirdische Parkanlage. Sie liegt auf dem Gelände der Hochbahn, die in den 30er-Jahren gebaut wurde, um Frachttransporte vor allem der Fleischindustrie von den Straßen auf die Schiene zu verlegen. Schon seit Langem ist sie nicht mehr in Betrieb, und die Strecke überwucherte ein Vierteljahrhundert lang auf höchst romantische Weise. Die Industrieruine wurde zu einer hoch gelegenen Wiese, und die Perspektive von dort auf die Stadt und den Fluss war einzigartig. Es war, solange das Gelände brachlag, streng verboten, es zu betreten, aber es war nicht schwierig. Und jeder, der sich an der West Side ein bisschen auskannte, wusste, wie man dort hinaufkam. Die Vorstellung, der fraglos wertvolle Grund und Boden, der einfach verwilderte, werde in den Besitz eines Bauunternehmens übergehen, erschreckte jeden, der jemals dort oben spazieren gegangen war.

Und so bildete sich eines Tages im Jahr 1999 eine Bürgerinitiative vor allem aus Künstlern und Musikern, die den Abrissplänen der Stadt, die immer wieder diskutiert wurden, die Idee eines Parks entgegensetzte. Ein Wettbewerb wurde ausgeschrieben, dessen zentrale und für New York wahrlich ungewohnte Vorgabe war: *Keep it simple, keep it quiet, keep it slow*. Zehn Jahre später wurde der erste Abschnitt eröffnet – und sofort einer der populärsten Plätze in dieser Gegend, die an Grün bis dahin nicht viel gesehen hatte.

»Park« ist vielleicht nicht ganz der richtige Ausdruck für das auf Stelzen stehende Gelände. Fahrradfahren, Grillen oder Rollschuhlaufen sind hier ebenso verboten wie Skateboards. Der Highline Park ist eher eine Promenade, und man läuft auf Betonplanken, die den Gleisen nachgebildet wurden, ungefähr in Höhe des dritten Stocks über Straßen hinweg und zwischen Häusern hindurch. Aus deren Fenstern kann man beobachtet werden, als liefe man über einen Laufsteg, oder aber selbst in manche dieser Häuser schauen, was vor allem bei einem Designerhotel mit Panoramafenstern oder dem geschwungenen Luxushaus von Zaha Hadid einigen Unterhaltungswert hat. Und es gibt ein Amphitheater mit steil abfallenden Sitzbänken, auf denen immer Leute sitzen, in Gruppen oder allein. Aber das Theater hat keine Bühne. Wo sie zu erwarten wäre, ist wiederum ein riesiges Fenster, das die Stadt einrahmt, auf die man blickt.

Zuschauer zu sein und gleichzeitig Akteur – das ist ein zentrales Motiv des Lebens in New York. Hier ist es ganz zu sich gekommen. Als ich zum ersten Mal im Highline Park spazieren ging, war es November. Die Landschaftsgestalter hatten sich ein bisschen damit gebrüstet, die Bepflanzung, die sich an dem Wildwuchs der jahrelangen Brache orientiert und vor allem aus einheimischen Gräsern, Wiesenblumen und Birkenbüschen besteht, blühe in unterschiedlicher Zusammensetzung zwischen Februar und Dezember.

Als ich zum ersten Mal dort war, blühte nichts. Angesichts der Jahreszeit schien mir das auch ganz in Ordnung zu sein. Obwohl ein leichter Sprühregen und kalter Wind eher dafür sprachen, in einem Café Unterschlupf zu suchen, hatte eine Gruppe von acht Studenten auf einigen der Holzliegen, die auf Schienen laufen und die man zusammenschieben kann, Decken ausgebreitet und saß nun dort, offenbar um gemeinsam zu arbeiten. Nebenan steckten Gärtner rote und blaue Papierfähnchen neben die Pflanzen. Sie erklärten mir, so könnten sie später sehen, welche von ihnen den Schnee, der erwartet wurde, am besten überstehen würden. Verstanden habe ich das nicht, aber als ich etwa eine Stunde später wieder an dieser Stelle vorbeikam, sahen die Beete so aus, als hätte eine plötzliche Sturmblüte sie erfasst. Und in all dem Rot und Blau saßen die Studenten immer noch.

Selbst bei schlechtem Wetter ist es da oben wunderschön. Längst haben sich Gräser und Büsche und Blumen zu vollen

Sträuchern entwickelt. Die Häuser, zwischen denen man hindurchgeht, wirken wie Teile einer schwebenden Stadt, so weit scheint die Straße entfernt. Doch mit dem Erfolg des Highline Park wurde drum herum viel gebaut, die Häuser rücken immer näher, und bei schönem Wetter wälzen sich die Menschenmassen durch sie hindurch wie durch einen engen Korridor. Oft ist einfach zu viel los für jede Art von Poesie.

Und mit Natur hat das alles natürlich nicht viel zu tun. Aber vielleicht liegt die grüne Zukunft New Yorks auch gar nicht darin, an unerwarteten Orten ein paar Gräser zu pflanzen, so wunderbar das auch ist, den Müll zu trennen oder Fußgängerzonen einzurichten, an die man sich erst noch gewöhnen muss. Vielleicht ist New York so, wie es immer war, ja dem ökologisch Vernünftigen schon näher, als wir alle denken.

Das ist die dritte, die sozusagen theoretische Seite, von der man sich der Sache mit der grünen Zukunft nähern kann. David Owen hat das in seinem Buch über die »grüne Metropole« getan, und er sagt Folgendes: New York, vor allem Manhattan, sei für alle, die über Umweltschutz sprechen, immer Beispiel dafür gewesen, wie es nicht sein sollte. Der Verkehr – zu viel davon. Die Menschen – zu viele von ihnen. Die Häuser – zu hoch. Natur – Fehlanzeige. Freie Flächen – fast ebenso. Ökologie sehe anders aus. Vor allem: ländlicher. Und nun kommt Owen und macht die Gegenrechnung auf.

Das Leben auf dem Land mit ein paar Hühnern, Salatbeeten und selbst mit Solarzellen auf dem Dach belaste die Umwelt um ein Vielfaches mehr als das Leben in einer Stadt wie New York. Auf dem Land kann der Weg zum nächsten Supermarkt nur mit dem Auto bewältigt werden. Wenn die Natur in der Gegend unwegsam ist, nur mit einem spritfressenden SUV. Alte Häuser, wie sie bei Stadtgegnern besonders beliebt sind, sind heiz- und klimatechnisch eine Katastrophe. Weiträumig, wie sie im vom Bewohner erhofften

Idealfall sind, laden sie dazu ein, Dinge anzuschaffen, die niemand ernstlich braucht. Weil die nächste Wäscherei mindestens so weit entfernt ist wie der Supermarkt, laufen neben der Tiefkühltruhe und dem riesigen Kühlschrank, der Bewässerungsanlage für die Bohnenbeete und dem Rasenmäher auch Waschmaschinen und Trockner mehrmals in der Woche.

Nehmen Sie dagegen New York. Die Wohnungen, zu denen fast nie ein eigener Keller gehört, sind so klein, dass sich nichts ansammeln kann, was nicht unbedingt nötig ist. Weil kostenlose Parkplätze rar, *alternate side parking* nervtötend und Garagen fast unbezahlbar sind, haben nur die wenigsten ein Auto. Die Digitalisierung hat das Teilen als Lebensform möglich gemacht, und die New Yorker springen auf jedes Angebot an – das gilt für die gemeinsame Nutzung von Taxis, von Privatautos, es gilt für das Verleihen von Schlafplätzen, selbst für geteilte Mahlzeiten (und die geteilte Rechnung dafür) unter Fremden. Die Mischung von privater und kommerzieller Nutzung in der Stadt ist nahezu ideal, Bäcker, Schuster, Reinigung, Apotheken, Drogerien, Restaurants, Kinos, Theater, Schulen und was man sonst zum Leben braucht, sind in fast allen Vierteln in Laufweite zu erreichen. Zum Arzt geht man zu Fuß. Während auf dem Land in jeder Familie so viele Autos gefahren werden, wie sie fahrtüchtige Personen umfasst, fährt der New Yorker eher mit der Subway oder dem Bus, geht zu Fuß oder fährt inzwischen mit dem Rad. Bei Weitem nicht jeder Haushalt besitzt eine Waschmaschine, von Rasenmähern ganz zu schweigen. Und ich habe selbst im härtesten Winter nicht alle Zimmer geheizt, weil die Wärme aus den Apartments über und unter mir abstrahlte.

Kann also die Stadt, deren Bevölkerung stetig wächst, beispielhaft sein für das Leben auf diesem Planeten, wenn wir wollen, dass auch unsere Enkel noch etwas von ihm haben? Owen sagt Ja, und die Statistik ist, wenn man sie liest wie er, auf seiner Seite.

New York weist die höchste Bevölkerungsdichte aller amerikanischen Städte auf, und zwar bei Weitem. Auf einer Quadratmeile (10,194 Quadratkilometer) leben hier 26 403 Personen. In Manhattan sind es sogar fast 67 000. Den zweiten Platz in dieser Statistik nimmt San Francisco ein, da sind es 10 000 Menschen pro Quadratmeile weniger. Was Verfechtern eines einfachen Lebens auf dem Land ein Graus ist, ist für die Natur ein Segen. Sie wird nicht zersiedelt, wie etwa in Los Angeles oder mehr oder weniger allen anderen städtischen Regionen. Die Nähe so vieler Menschen auf engem Raum bedeutet: kürzere Wege und damit einhergehend einen sparsameren Energieverbrauch. Wenn man Energieverbrauch und Emissionen statt pro Quadratmeter (da steht New York weit oben in der Statistik) pro Person berechnet, belegt New York den letzten Platz unter Amerikas Städten.

Das verblüfft selbst die New Yorker, die bisher gar nichts dafür tun, außer so zu leben, wie sie es immer taten. Dass sie außerdem, weil sie so viel und deutlich schneller laufen als die Menschen im Rest des Landes, weil sie weniger essen und mehr Sport treiben, die höchste Lebenserwartung unter den Amerikanern haben, könnte im Bewusstsein der anderen den Ausschlag dafür geben, es ihnen gleichzutun. Immerhin leben die New Yorker im Durchschnitt ein ganzes Jahr länger als alle anderen US-Bürger. Kurz, *live smaller, live closer, drive less* – den einfachen Grundregeln eines ökologisch weniger zerstörerischen Lebens der menschlichen Spezies sind die New Yorker näher, als gemeinhin und auch von ihnen selbst angenommen wird.

Das Bedürfnis, der Natur wieder ein bisschen näher zu kommen, als die Stadt es erlaubt, haben natürlich auch die New Yorker. Deshalb haben Bioläden aller Art immens zugenommen. Whole Foods, die größte Lebensmittelkette mit biologisch oder vermeintlich biologisch erzeugten Lebensmitteln, nimmt das gesamte Untergeschoss im Time Warner Building am Columbus Circle ein, und das ist nur der größte

Laden, kleinere gibt es inzwischen an fast jeder Ecke, dazu Bauernmärkte, Biometzger und wer sonst noch so alles aus biologischer Zucht verkauft. All diese Läden haben großen Zulauf, entsprechend sind die Preise.

Der Trend zur Ökologie und zum grünen Bewusstsein ist also unübersehbar. Das zeigt sich auch in den Dachgärten, die seit einigen Jahren sehr populär geworden sind. Das war lange Zeit nicht so. Meine erste Wohnung in New York, die mit dem Blick auf den Needle Park und den Ratten in der Waschküche, lag im 17., dem obersten Stockwerk und hatte zwei übereinanderliegende Zimmer. Vom oberen konnte ich über eine kleine Tür aufs Dach gehen. Dort hatten, als das Haus 1904 seine Türen für die ersten Mieter öffnete, noch Ziegen und selbst kleine Kälber gegrast, und alles mögliche Essbare und Nichtessbare soll dort angebaut worden sein, was einigen Menschen über die Zeit der großen Depression geholfen haben soll. Alte Fotografien in der Lobby bestätigten, was die alten Mieter erzählten. Wenn ich auf das Dach trat, sah ich hingegen nur die Gehäuse der Klimaanlagen und gummiartige Matten, die den weichen Teer des nicht ganz dichten Dachs bedeckten. Irgendwann brannte es im 16. Stock, und die Flammen schlugen bis aufs Dach. Die Feuerwehr verwüstete meine Wohnung und setzte das Turmzimmer unter Wasser, und bis ich auszog, hingen draußen die verrußten Matten, über rostige Gestänge geworfen, und rochen nicht gut. Mehr war da nicht. Heute soll es, wie mir der *doorman* erzählte, wieder einen professionell angelegten Garten dort oben geben, in dem zwar kein Gemüse wächst wie früher und auch keine Ziegen grasen, aber es muss eine grüne Oase hoch über dem Broadway sein, die den Marktwert der Wohnungen darunter um einiges erhöht hat.

Und so ist es überall, wo auch immer ein Dach zur Verfügung steht. Selbst für diese Gärtnerarbeiten gewährt die Stadt Steuernachlässe. Denn die Pflanzen halten ein bisschen Sonnenlicht und -wärme von den Häusern fern und helfen so, den Aufwand für ihre künstliche Klimatisierung zu senken. Es gibt sogar wieder Bienenstöcke auf den Dächern von New York. Wer kann da noch sagen, die Natur hätte hier keine Chance?

Wer kein Dach hat, fährt auf die Insel. Die neue, von der ich Ihnen schon erzählt habe. Nach Governors Island.

Alterslos

New York sei eine Stadt für Reiche und Arme, heißt es (weil alle anderen überall sonst besser dran sind), für die Jugend (weil die Stadt an den Kräften zehrt) und für all jene Menschen, die nirgendwo anders leben wollen. Müssen auch sie jung sein? Reich oder wenigstens arm?

Nein, das müssen sie natürlich nicht, aber wenn sie schon aus dem riesigen Topf der demografischen Mitte kommen, so dürfen sie deren breiiges Gesicht hier nicht zur Schau tragen, dürfen nicht müde sein, dürfen das Tempo des Lebens nicht bremsen wollen, nicht innehalten, dürfen, kurzum, nicht repräsentativ sein, und das heißt vor allem: Sie dürfen nicht altern. Das Leben in New York erfordert Aggressivität und darüber hinaus eine Schamlosigkeit, nicht nur im Straßenverkehr oder in Geschäftsbeziehungen, die wohlerzogene Menschen stets von Neuem verblüfft. Täglich liegen die Manieren in peinigendem Konflikt mit dem Durchsetzungswillen, wobei die Manieren schon beim Einstieg in die Subway oft unterliegen.

Die Menschen also, die nicht altern, dürfen in den Kämpfen ihres Alltags auch nicht allzu höflich sein. Viele sind erschöpft, wenn sie 40 werden, und ziehen in eine andere Stadt, in die Vororte oder aufs Land. Man muss nicht jung sein, um immer wieder die eigenen großen Wünsche an die Zukunft, die einst der Grund waren, nach New York zu gehen, aus dem trägen Bedürfnisfluss nach alltäglichen Bequemlichkeiten zu fischen, aber es hilft. Der New Yorker ist im Durchschnitt 35,8 Jahre alt. Der Amerikaner im Durchschnitt zwei Jahre älter.

Die Armen werden alt und bleiben. Die Ärmsten altern öffentlich, auf den Stufen der Kirchen, an Straßenecken, in windgeschützten Unterführungen, eingehüllt in Decken, in die das staubige Grau des Asphalts gekrochen ist, und in den strengen Geruch des vorweggenommenen eigenen Verfalls. So wie die Jungen jung sind ohne weitere Unterscheidung, Teil einer fast metaphysischen Einheit, für die das Leben noch keine endliche Gestalt angenommen hat, so sind die armen Alten alt, ohne dass es darauf ankäme, ob sie Mitte 50, 70 oder auch 85 wären, ein Alter indes, das kaum einer von ihnen erreicht. Dass alt zu werden nicht notwendig ein Fluch ist, ist ihnen als Idee so fern wie jener Generation, die am entgegengesetzten Ende der Statistik für den erstaunlich jungen Altersdurchschnitt in der Stadt sorgt.

Es ist nicht so, dass die Stadt für ihre Alten nichts täte. Schon 1943 entstand das erste Altenzentrum, und ausgerechnet New York stellte sich damit an die Spitze der amerikanischen Nation, als diese ihre alten Bürger noch weitgehend sich selbst überließ. Es folgten Gesetzespakete zum Schutz der Alten, die Eröffnung eines *New York State Office for the Aging*, immerhin bereits 1960, und jedes Jahr im Mai wird offiziell mit dem Senior Citizen's Month all derer gedacht, die in der Vorstellung der Welt davon, was New York sei, so gar keine Rolle spielen. Inzwischen gibt es Hilfsprogramme, die auf altersspezifische Fragen der Krankenversicherung spezialisiert sind, auf Wohnprobleme und Betreuung oder Weiterbildung, und städtische Internetseiten geben über kostenlose Grippeimpfungen für ältere Bürger Auskunft, kurz: New York, wo die meisten jung sind, scheint sich lange schon zu wappnen für die Überalterung seiner Bevölkerung, die, seit die Masse der 81 Millionen sogenannten *Baby Boomers* in Amerika in die Jahre kommt, offenbar auch hier erwartet wird.

Ein paar Filmstars haben begonnen, öffentlich für die Freuden des Alters Reklame zu machen. Eine Modelagentur vermittelt Fotomodelle über 50, die nicht mehr für die Alterstropfen Geritol, sondern für die Modemarke Eileen Fisher werben. Doch was diese schönen, reichen Alten so mutig vorzeigen und wofür sie beklatscht werden, als verhülfen sie einer neuen Extremsportart zur Popularität, ist nicht das Alter, sondern das Versprechen, dass Zeit nichts bedeutet. In New York, wo die Menschen so leben, als käme es auf jede Minute an, ist dieses Versprechen auf eine ewig verlängerte Jugend, in der die Lebensjahre nicht zählen, ein Aberglaube, der dem Tod entgegengestreckt wird wie die Knoblauchknolle dem Vampir. Seine Wirksamkeit ist kaum wahrscheinlicher.

Wer alt wird in New York und weder reich ist noch sehr arm, verschwindet aus dem Stadtbild in eine jener von außen unauffälligen Einrichtungen, aus denen bei schönem Wetter gebückte Menschen am Arm junger Hilfskräfte oder in sich versunkene in Rollstühlen in die Sonne entlassen werden. Altersheime sind in New York nicht besser oder schlechter als andernorts, doch da die Alten hier im Vergleich zum Rest des Landes im Stadtbild fast unsichtbar sind, bleibt man unwillkürlich stehen, wenn plötzlich eine ganze Gruppe sich nur langsam vorwärtsbewegender Menschen auftaucht und es sich offensichtlich nicht um eine Schulklasse handelt. Ein steiniger Hügel an der Ostseite des Central Park ist einer der Orte, an dem man sie regelmäßig findet. Jeder Einzelne wird von einer Pflegeperson begleitet. Sie trägt zumindest einige Embleme zur Schau, die ihre lose Zugehörigkeit zum Personal des nahen Hospitals belegt, ein Häubchen, einen Kittel und auf jeden Fall weiße Turnschuhe mit dicken weichen Sohlen, was den Eindruck verschärft, dass es sich beim Altwerden um eine Krankheit handelt, vor der zu schützen sich empfiehlt, und sei es durch schnelle Flucht.

Auch Ansteckung scheinen die Betreuer zumindest nicht für unmöglich zu halten, jedenfalls vermeiden sie, soweit ihre Pflichten das erlauben, den Kontakt mit denen, die sie stützen oder vorwärtsschieben, sprechen nicht und können nichts hören, weil sie die Ohren mit Kopfhörerstöpseln verschlossen haben. So dringt auch der Donner der Geschütze nur als ferner Hall in ihr Bewusstsein, die Herman Melville in seinem Roman *Pierre* zur Warnung an alle jugendverfallenen Tore abfeuert, als der Titelheld kurz nach seiner Ankunft in New York zum ersten Mal ahnt, dass er hier scheitern wird: »Rings um uns herum liegt die Welt wie ein Scharfschütze im Hinterhalt, um die schönen Illusionen der Jugend mit den gnadenlos krachenden Flinten der Realitäten des Alters niederzumähen.«

Auch die Damen, die in den kleinen Bistros in der Madison Avenue zu Mittag essen, sind schon lange nicht mehr 35,8 Jahre alt. Sie können sich das Wissen leisten, dass das Gesetz der Alterslosigkeit, dem New York Gehorsam zu zollen scheint, außer den Armen nur den sehr Berühmten oder den sehr Klugen zu brechen gestattet ist, und sie wissen daher nicht nur, wo man isst, sondern auch, bei welchem Chirurgen das Geheimnis ihrer Lebensjahre sicher und in jedem Sinne aufgehoben ist. Sie sind dünn, unvorstellbar elegant, und ihre Gestik ist minimal. Nur um die Knochen ihrer Hände ist die Haut ein wenig großzügiger drapiert, und so ruhen die Finger schwer unter dem Gewicht von Gold und Steinen im Schoß, ohne je durchs Haar zu fahren und damit en passant den Vergleich zur glatten Stirn herauszufordern. Sie sind alt, aber wie alt? 60 vielleicht oder 87? Sie sind Gegenstand zahlloser Witze nur, weil sie nicht kämpfen müssen, um in New York zu überleben. Sie sitzen das Altern einfach aus und halten still, damit der Tod nicht auf sie aufmerksam werde. Manchen gelingt das für Jahrzehnte. Mit den armen Alten und den internierten Alten haben sie gemein, dass sie mit jedem Jahr, das sie länger leben, den Jungen die Jugend garantieren. Denn sie werden die Nächsten sein, die sterben; bis dahin stehen sie wie eine Mauer zwischen den Jungen und dem Tod.

So war es jedenfalls bis in die 80er-Jahre des letzten Jahrhunderts hinein. Dann wälzte sich wie eine Welle schwarzer Lava die Aidsepidemie durch die Stadt und ließ Menschenleben, die noch lange nicht dem Tode nahe sein sollten, erstarren.

Sie schlug mit voller Wucht in jenen Zirkeln zu, die in New York (zumindest, was die Moden und Stile angeht) an der Zukunft des Landes, wenn nicht der Welt arbeiteten, nicht im Mainstream also, sondern an den Rändern der Kulturen, den Subszenen der Musiker, Tänzer, Künstler, Designer, Filmemacher, Schauspieler und Autoren. Dass das Leben in New York hohe Mobilität erfordere, schnell sei und lebensgefährlich, war plötzlich keine Verheißung mehr, sondern eine Drohung. Mehr als 100 000 Aidsopfer sind in New York zu beklagen. Am Anfang wurden die Infizierten von vielen Krankenhäusern abgelehnt, einzig St. Vincent im West Village nahm sie auf. Es war eines der ältesten Krankenhäuser in New York, ein riesiger Komplex und am Ende ziemlich heruntergekommen, aber mit einem medizinisch hervorragenden Ruf in manchen Bereichen. Inzwischen ist St. Vincent unter dubiosen Bedingungen zugunsten der Errichtung von Luxuswohnanlagen abgerissen worden. Aber eine Skulptur erinnert an die Aidsopfer in unmittelbarer Nähe von dort, wo die Klinik einmal stand.

Wenn man neben den statistischen den literarischen Zeugnissen aus der Zeit des lang gezogenen ersten Entsetzens glaubt, so hat die Seuche den Tempel der Jugend, der New

York immer war und der auf so sicheren Grundmauern erbaut zu sein schien, zumindest zum Wanken gebracht.

Zwischen den Jungen, die in der festen Absicht kamen, ihre Herkunft zum Teufel zu jagen und sich jenseits aller Wurzeln neu zu erfinden, und dem Tod stand erstmals keine Generation mehr, die ihnen mit dem Sterben vorangehen würde. Der Blick auf den Tod war plötzlich frei. Jeder konnte der Nächste sein, und wenn er jung war, umso wahrscheinlicher. Susan Sontag hat eine ihrer besten Kurzgeschichten über diesen Augenblick der Veränderung in der Selbstwahrnehmung der New Yorker geschrieben *(The Way We Live Now)* und Harold Brodkey, eines der prominentesten und unerwarteten Opfer der Epidemie, ein ganzes Buch vom Sterben *(Die Geschichte meines Todes)*. Seit damals ist die Vorstellung, New York sei alterslos, nicht mehr nur ein Traum, sondern auch das Erschrecken darüber, dass die Reihenfolge beim Sterben nicht mehr gilt.

1989 trauerte die ganze Stadt zum ersten Mal um ihre Aidstoten, und seitdem erinnert sie jährlich am 1. Dezember, dem Welt-Aidstag, mit einem Tag ohne Kunst und einer Nacht ohne Licht an Existenzen, die nicht gelebt, Karrieren, die nicht durchlaufen wurden, und an Werke, die nicht entstehen konnten. Für eine Viertelstunde erlöschen am Times Square die Lichter. Auch die Spitze des Empire State Building erleuchtet den Himmel nicht. Im Metropolitan Museum schimmern die Blumenbouquets in der Eingangshalle nur matt durch schwarzen Tüll, und einige Sockel in den weitläufigen Sälen, die an normalen Tagen Skulpturen tragen, bleiben leer. An den Wänden fehlen Bilder. In der Kathedrale St. John the Divine und anderen Kirchen lesen Schauspieler von langen Listen die Namen von Verstorbenen ab. Anders, als es in Zukunft an jedem 11. September geschehen wird, findet dieses Gedenken im Stillen, wenn auch nicht im Geheimen statt. Erinnert wird an das, was fehlt, wenn die Jungen sterben, und für einen Tag ist plötzlich überall Platz für den Gedanken an den Tod, nicht nur in den Museen und am Times Square, sondern auch in den Schulen, den Behörden und Parks. Berühmte Sportler ziehen durch die Klassenzimmer, um davon zu erzählen, was ein Leben mit dem Virus und mit Aids bedeutet. Selbst der Tod, so scheint es an diesem Tag, gehört in New York der Jugend.

Harold Brodkey war, als er von seiner Infektion erfuhr, nicht mehr jung. »Ich bin zweiundsechzig«, schreibt er in der *Geschichte meines Todes*, »und es ist ökologisch vernünftig zu sterben.« Doch sein Buch fasst besser als jede andere schriftliche Äußerung über die Erfahrung des eigenen unerwarteten Sterbens zusammen, was es heißt, in einer Stadt, die einzig der Zukunft zugewandt ist, den Tod zu sehen: New York ist die Stadt der millionenfachen Ich-Bezogenheit, und so ist die Kränkung, dass der eigene Tod naht, größer als die Trauer.

1993 begann Brodkeys Sterben, Anfang 1996 war er tot. Heute leben Infizierte länger mit dem Virus, und einer Diagnose folgt nicht mehr notwendigerweise der Tod innerhalb weniger Jahre. Die öffentliche Aufmerksamkeit, die in New York immer hysterische Züge trägt, sich kaum von wirklicher Anteilnahme nährt und nicht länger währt als alles andere hier, hat sich längst neuen Krankheiten zugewandt, für deren Opfer entschieden modischere Herolde nach Spenden rufen, als sie den Aidshilfen heute zur Verfügung stehen. Das gilt für das Parkinsonsyndrom wie für Brustkrebs. Doch Aids ist immer noch die Krankheit, die das New Yorker Lebensgefühl des immer möglichen Neubeginns am entschiedensten bedroht, auch weil sie die Aura der Bestrafung umweht und weil sie mit Sex assoziiert ist, der in New York einen guten Teil des immer Neuen ausmacht.

New York, die Stadt, die den Blick nie zurückwandte, um ihrer Geschichte gewahr zu werden, ist mit ihrer lange währenden Verachtung des Alters ihrer eigenen architektonischen Gestalt der ideale Ort für eine Lebenshaltung, die den

Verfall nicht wahrhaben will. Lange Zeit wurden selbst die prächtigsten Gebäude nicht renoviert, sondern abgerissen, und alles, was dem Blick entzogen war, die Versorgungsschächte, Rohrleitungen oder Brückenpfeiler, wurden so lange vergessen, bis der Zeitpunkt grundlegender Reparaturen längst überschritten war. Seitdem wird gewerkelt hier und da, wo gerade die Rohre brechen oder Brücken wanken, meist ohne Plan und oft nur widerwillig.

Doch seit 1965 gibt es die Denkmalschutzbehörde, die jedes Mal, wenn sie in Aktion tritt, die Stadt an ihr Alter erinnert. Sie wird zwar oft nicht gehört, konnte aber doch hin und wieder verhindern, dass historische Bausubstanz für augenschändende neue Hochkantkästen verschwinden musste. Manchmal sorgte sie auch nur dafür, dass etwas Altes stehen blieb wie ein Bremsklotz auf dem Weg in die Zukunft. Wenn Sie etwa an der Kreuzung des Broadway mit der 72. Straße nach Osten gehen, werden Sie zwischen vielstöckigen Apartmenthäusern ein einzelnes schmales Wohnhaus aus rotbraunen Ziegeln entdecken, mit nur vier Etagen unter einem spitzen Giebel. Mindestens sieben weitere Stockwerke streckt sich neben diesem Giebel die Brandmauer des Nachbarhauses in die Höhe und dient einer Pharmafirma als Plakatfläche: *»Depression is a flaw in chemistry, not character«* (Depressionen sind eine Störung der Chemie, nicht des Charakters), können Sie auf gelbem Grund dort schon seit 20 Jahren lesen. Das, abgesehen von seinem Alter, nicht bemerkenswerte Häuschen ist ein wenig verwahrlost, teilweise unbewohnt und sichtlich nicht in bester Form. Unter dem Schutz der Denkmalschutzbehörde steht es einfach da und verhindert eine gewinnbringende Raumnutzung in bevorzugter Lage. Was für eine Verschwendung ausgerechnet in New York und ausgerechnet für ein kleines altes Haus! Gerade diese unvermittelte Verschwendung ihrer knappsten Ressourcen, die Ihnen schon in den Geisterstationen der Subway begegnet ist, das Nebeneinander von Zeiten und Stilen, machen New York zu der Stadt, an der hartgesottene Realisten manchmal verzweifeln. Meistens im selben Moment, in dem die Träumer glücklich sind.

Inzwischen hat die Denkmalschutzbehörde Straßenzüge und auch ganze Viertel unter ihre Obhut gestellt. Wenn es zum Konflikt mit Immobilienfirmen und Investoren kommt und wenn sehr viel Geld im Spiel ist, reicht dieser Schutz nicht weit. In den letzten Jahrzehnten aber machte sich zum ersten Mal in der Stadtgeschichte ein gewisser Stolz auch auf das Alte bemerkbar. Wohnungen in Häusern, die vor dem Zweiten Weltkrieg gebaut wurden, sind auf dem Wohnungsmarkt um ein Vielfaches begehrter als neuere, und authentische Details, seien es Fensterbretter, Armaturen, Kacheln, Türgriffe oder Holzböden, steigern den Wert eines Objekts deutlich. Weil es nicht genug von ihnen gibt, hat Robert A. M. Stern, einer der besten Kenner der Architekturgeschichte der Stadt und selbst der Kopf eines Architekturbüros, mit der Adresse 15 Central Park West einen ganzen Block mit einem Gebäude bebaut, das hat, was die edlen Häuser an der Park Avenue auszeichnet, in die niemand heute mehr hineinkommt, wenn er nicht erbt: hohe Decken und ein großes Esszimmer vor allem nach dem Vorbild der berühmtesten New Yorker Architekten der Zeit vor dem Zweiten Weltkrieg, Rosario Candela, Emery Roth und J. E. R. Carpenter.

Retrolook, wenn Sie so wollen, ist in der Ausstattung, dem Mobiliar, der Mode nicht ungewöhnlich. Für einen Wolkenkratzer aber ist er doch etwas Neues. Sterns Haus an der Ecke Central Park West und Broadway zwischen 61. und 62. Street ist ein solcher Retrowolkenkratzer, mit Marmorsäulen im Foyer, einem Weinkeller und Pool, mit eben hohen Decken und Esszimmern in allen 201 Apartments, mit jeder Menge Licht überall und althergebrachten Grundrissen, auf denen Bäder an jedes Schlafzimmer grenzen, und mit Zimmern für die Angestellten mit separatem Eingang und Aufzug. Die Wohnungen wurden ihm aus der Hand gerissen. Sting und Denzel Washington kauften sich dort ein, lange bevor das Haus überhaupt fertig war. Aber die teuersten Wohnungen konnten sich nur Hedgefondsmanager leisten. Die Preise kletterten in so phantastische Höhen, dass einige frühe Käufer sich von ihren Wohnungen mit großem Gewinn bereits wieder trennten, bevor sie eingezogen waren. Die verglasten Türme, die Richard Meier oder Jean Nouvel downtown hochgezogen haben, konnten mit diesem Gebäude, gerade weil es so aussieht, als sei es 75 Jahre früher gebaut worden, nicht mithalten.

Trotz dieser Nostalgie für das alte New York ist der Umgang mit Geschichte hier grundsätzlich anders als etwa in Boston. An keiner Stelle ihrer Stadt stellen die New Yorker aus, was einmal war, und sie machen auch, erstaunlich genug, keine Geschäfte damit. Eine der grandiosesten Restaurationen der vergangenen Jahrzehnte galt dem Grand Central Terminal. Der Erhalt und die Sanierung des dramatischen klassizistischen Gebäudes zwischen Park und Lexington Avenue und 41. und 43. Straße, das zwischen 1903 und 1913 erbaut wurde, sind der wohl stolzeste Erfolg der Denkmalschutzbehörde. Immerhin konnte sie in den 60er-Jahren verhindern, dass auf drei Geschossen über den prächtigen Warteräumen Kegelbahnen eingezogen wurden. Der Bahnhof mit 67 Bahngleisen auf zwei Ebenen, der auch Knotenpunkt für die Subway ist und eine eigene Welt aus Läden, Restaurants, einer Ausstellungshalle und ein paar Schuhputzern, Barbieren, Reinigungen und Schustern bildet, wurde in den 90er-Jahren vollständig renoviert und mit großem Brimborium in alter Pracht der Öffentlichkeit vorgestellt. Doch der Bahnhof Grand Central wurde vor allen Dingen immer benutzt.

Das Alte in New York ist so lange gut, wie es heute noch funktioniert. Museales gibt es in den Straßen der Stadt nicht zu besichtigen.

Denn bei allem Stolz auf seine alten Hochhäuser und ein paar Schmuckstücke wie Grand Central Terminal oder die Bibliothek an der 42. Straße hat New York das Alter immer verdrängt. Zum Altwerden gehört, sich zu erinnern, und niemand, der in New York ein neues Leben beginnen wollte, hat je an den Wert der Erinnerung geglaubt, die ihn nur zurückgeführt hätte in ein Leben, das er mit allem Willen zum Besseren gerade hinter sich gelassen hatte. So stürmen alle in New York immer weiter nach vorn, innehaltend nur bei Katastrophen. An sie bleibt die Vorstellung vom Tod gebunden, und nur in der Erinnerung an abrupt verlorene Menschenleben ist er in der Stadt präsent. Die langen Debatten über Form und Aufgabe einer Gedenkstätte für die Toten des 11. September sind Ausdruck dieser Unbehaglichkeit, wenn es ans Erinnern geht. Und doch – wenn Sie das Glück haben, jemandem zu begegnen, der schon sehr lange in New York lebt und alt ist, werden Sie vielleicht die unglaublichsten Geschichten aus anderen Zeiten hören. Aber es werden immer Geschichten aus New York sein.

Ewige Stadt

New York ist eine Frage des Typs. Manchen bedeutet die Stadt nichts im Vergleich mit Paris, andere lieben das Landleben, Schanghai oder den Orient. Und doch ist New York selbst für sie und auch für alle, die niemals hier waren oder hierherkommen werden, nicht einfach irgendeine große Stadt. Jedermann kennt ihren Doppelcharakter, die Verbindung aus Verkommenheit und Glamour. Jeder weiß, dass sie wie keine andere für die Moderne steht, weil sie die Erste war, die immer weiterwuchs, ohne irgendetwas anderes zu produzieren oder zu verschachern als Geld und Information. Das ist die abstrakte Seite New Yorks, und dass sie im Zusammenspiel mit der gegenständlichen, mit Skyline und Straßen, die Idee formt, die wir New York nennen, ist wahrscheinlich schon Grund genug, dass niemand, der nach New York zieht, erklären muss, warum.

Keine Skyline irgendeiner Stadt ist so berühmt wie die New Yorks, ganz gleich, in welcher Epoche. Das New York, von dem wir heute sprechen, ist in unserer Vorstellung aus einer Mischung all der vergangenen New Yorks entstanden, von denen nur schriftliche oder bildliche Zeugnisse geblieben sind, die fast so bekannt wurden wie die Stadt in ihrer augenblicklichen Gestalt. Auch wer sich überhaupt nicht für New York interessiert, hat mindestens eine nebulöse Ahnung von den verschiedenen Stadien ihrer Entwicklung. Dafür haben Journalisten und Songschreiber, Schriftsteller, Maler, Fotografen und Filmemacher gesorgt, die sie zu jedem Zeitpunkt dokumentiert und kommentiert, verklärt und verteufelt, überhöht oder gehasst haben. Die Skyline des frühindustriellen New York ist schon auf Stichen aus dem 19. Jahrhundert, als noch keines der weltberühmten Hochhäuser stand, eindeutig wiedererkennbar. Nachdem diese in den 30er- und 40er-Jahren des 20. Jahrhunderts gebaut waren, wurde sie unverwechselbar. Niemand hätte gezögert, sie zu identifizieren, als die Türme des World Trade Center sie beherrschten, und auch ohne sie oder mit ganz anderen Bauten etwa aus den computeranimierten Visionen eines zukünftigen New York weiß jedes Kind, wohin diese Skyline gehört: zur Stadt hinter der Freiheitsstatue, die gleichzeitig eine Stadt aus Phantasien ist. Ihr Äußeres verändert sich ständig, aber nicht das Lebensgefühl, das in ihr wächst. Was bleibt, geschieht im Kopf.

Selbst die, denen New York einerlei ist, wissen, dass die Stadt Hoffnung macht und Gelegenheiten verspricht, und dies nun schon seit fast 400 Jahren und für Menschen aus der ganzen Welt. Sie kennen den Times Square, wie er 1945 aussah, als hier ein heimkehrender Soldat in Tanzpose eine Krankenschwester küsste; sie wissen, dass die Gegend später verfiel und vom Drogenhandel und vom Pornografiegeschäft lebte, und sie wissen auch, dass der Times Square heute sauberer und heller strahlt denn je und sogar Kinder willkommen heißt. Aber würden sie es glauben, wenn man ihnen erzählte, dass es selbst hier, wo die großen Konzerne ihre Einkaufsimperien für Touristen hingesetzt und die klassizistischen Theater zur Aufführung ihrer Welthits glänzend restauriert haben, noch versteckte Winkel gibt – kleine Restaurants aus der Vergangenheit des Viertels, die man erreicht, wenn man die Lobby eines Hotels und dann das Gebäude hinter einem Megastore durchquert, rechts abbiegt und einen halben Block nach Süden geht?

Wer achselzuckend über das Alte wie über das Neue hinweggeht, wird möglicherweise nie erfahren, dass die New Yorker im Herzen nicht nur der Ehrgeiz treibt, sondern auch die alltägliche Lust, unter achteinhalb Millionen Menschen von überallher zu leben, in einem Universum, das viele Welten umfasst. Ob man sie sucht oder flieht: Die *too-muchness of New York*, die in der Literatur wie auf Postkarten eindruckserschlagener Touristen ein wiederkehrender Topos ist, bildet die Summe der enormen Brüche zwischen den Cleveren und den Einfältigen, den Starken und den Schwachen, den Armen und den Reichen, den Ignoranten und den Weisen, zwischen den Hautfarben, Ethnien und Kulturen – Brüche, die von der Idee der Stadt überbrückt, aber nicht nivelliert werden. New York ist ein säkulares Reich der Unterschiede, das im eigenen idealisierten Bewusstsein jeden toleriert. Seit Jahrhunderten ist New York die Stadt der Zukunft.

New York ist also voller Romantiker. Andere kämen gar nicht erst. Man muss daran glauben, dass es Chancen gibt und Möglichkeiten, sie zu nutzen, sonst hat man in New York nichts zu suchen und wird nicht glücklich hier. Ein New Yorker aber ist nur, wer bleibt, nachdem er hier gelitten und gelernt hat, dass sich nicht alle Versprechungen erfüllen. Jeden Augenblick kann etwas Außergewöhnliches geschehen, das ist schon richtig, aber nicht jede Überraschung verändert das Leben. Oft ist das Überraschende nicht mehr als eine Geschichte, wie überhaupt der Sinn fürs Erzählte ein wesentlicher Teil der Grundausstattung des New Yorkers ist. Mein irischer Friseur Jeff aus Alabama, der zu Andy Warhols Zeiten Türsteher im Studio 54 war und heute noch ein wandelndes Berühmtheitenglossar ist, erzählte mir etwa vor ein paar Jahren, er habe nach einem Vierteljahrhundert täglicher

Gebetsgesänge und sorgfältiger Befolgung aller Regeln dem Buddhismus den Rücken gekehrt und sich ins Kabbalastudium vertieft. Während seine Finger durch mein Haar fuhren und in gewohnter Kunstfertigkeit mit der Schere hantierten, sprachen wir darüber, wie sehr sich der aufgeklärte Geist der Hinwendung zum Mystizismus widersetzt, und ich fragte, ob der Buddhismus eine gute Vorbereitung auf das Verständnis der Kabbala sei und ob es für oder gegen die Lehre spreche, dass auch Madonna zu ihr gefunden habe, die das Kabbalazentrum in Manhattan großzügig unterstützt. Jeff antwortete wortreich, wenn auch nicht eindeutig. Er arbeitet zu Hause, und als er mit meinem Haarschnitt fertig war und seine Katze gefüttert hatte, ein wunderschönes, zartgliedriges schwarzes Rassetier aus Tibet oder sonst woher, zeigte er mir drei Meter nagelneue, in blaues Leder gebundene Bände mit Goldgravur, durch deren Studium er den Geheimnissen der Kabbala näherzukommen hoffte. Schließlich musste ich gehen und legte wie immer 60 Dollar in seine Hand. Doch der Haarschnitt kostete jetzt 70. Bringt Glück, sagte Jeff und meinte: mir. 70 sei eine mystische Zahl. Ich legte zehn Dollar nach. 90 ist keine mystische Zahl. So viel verlangt er jetzt. Dem Kabbalazentrum hat er den Rücken gekehrt.

Glück bringen sollte auch die Karte, die eines Tages vor Weihnachten bei mir ankam, mit dem Bild eines turmhohen, Funken sprühenden dunklen Kreuzes darauf, an dessen Fuß ein Bündel mit dem Jesuskind lehnte. »Fürchte den Herrn«, stand darüber zu lesen, »oder das Böse wird über dich kommen.« Auf die Rückseite hatte meine brasilianische Haushaltshilfe geschrieben: *»Good luck for you – Rosita«*. Wir hatten, da es keine Sprache gab, die wir beide beherrschten, bis dahin nicht viel und schon gar nicht über religiöse Überzeugungen miteinander gesprochen, sondern uns immer nur herzlich angelächelt und einander manchmal umarmt, da sie eine gute Freundin von Anna war, die sich jahrelang um meine Wohnung kümmerte, damals aber einige Monate zu

Hause in Brasilien verbrachte. Rosita also hatte zu einer Erweckungssekte gefunden, die in einer Zimmerkirche in der Nähe des Times Square zusammenkam, und fürchtete den Herrn so sehr, dass sie alles, was sie bei mir verdiente, offenbar umgehend dorthin trug. Davon sollte ich wiederum Steuervorteile haben. Jedenfalls bekam ich einige Tage nach der beunruhigenden Weihnachtskarte eine Spendenbescheinigung dieser Sekte, auf der in säuberlichen Tabellen die Daten von Rositas Diensten bei mir aufgeführt und meine Zahlungen als milde Gaben an die Gemeinde abgerechnet waren.

Auch Städte wie Rom, Sankt Petersburg oder Istanbul mögen einen imposanten Hintergrund für die Bewegungen literarischer oder filmischer Figuren abgeben. New York aber, nicht minder fotogen, ist nicht nur Schauplatz von Geschichten, sondern generiert sie auch, in einem unablässigen Fluss wahrer Begebenheiten oder urbaner Legenden. Aus Lebensläufen werden hier Romane, aus Alltagsbeobachtungen Kurzgeschichten, aus Tagebüchern Balladen, aus Obsessionen Theaterstücke und aus einem schlechten Tag wenigstens noch eine Liedzeile. An anderen Orten geschieht vielleicht Größeres, aber, so scheint es, auch immer wieder dasselbe – in Paris die Liebe, in Moskau der Verrat, in London der Klassenkampf. Kalifornien, der Gegenpol New Yorks, und dort vor allem San Francisco und Los Angeles, steht in unserer Vorstellungswelt für das Paradies (zumindest für das verlorene), weshalb die Geschichten, die sich dort abspielen, meistens mit dem Bösen zu tun haben, das in Eden einbricht oder vor seinem Eingang in die Flucht geschlagen wird.

In New York aber waren die Versuchung, die Gefahr, war das Böse, wenn man Unordnung, Gier, Hochmut, Sex so nennen will, immer schon da, und das mit Stil. Unschuld ist nichts, was man mit New York verbindet. Von den zahllosen Religionen, deren Schäfchen die Stadt bevölkern, beansprucht keine die Vorherrschaft. Nicht einmal alle verlangen die Gottesfurcht. Obwohl New York immer voll und oft überfüllt war, ließ die Stadt es zu, dass sich stets neue Einwanderer und Außenseiter noch zu den anderen quetschten. An solch einem Ort kann tatsächlich alles geschehen, im Guten wie im Schlechten. Das gleichmäßige Raster der Straßen, das 1811 dem gesamten, damals weitgehend unbebauten Gebiet zwischen 14. und 155. Straße aufgezwungen wurde, war nicht nur die radikalste Entscheidung in der Planung der Stadt. Rücksichtslos, natürlich, war sie auch Ausdruck einer völlig wertfreien Betrachtung des städtischen Raums, die alle Grundstücke erst einmal gleichstellte. Eine Art Stunde null des Immobiliengeschäfts in einer Stadt, die in ihrer Anlage keine Vorteile gewährte, bevor dann das Wettrennen der Spekulanten und Bauunternehmer begann. Beide, das Wertfreie wie das Wettrennen, sind ewige Konstanten im Geist New Yorks.

Wie unparteiisch die Stadt ist, kann man am Times Square sehen. Seine Geschichte in den vergangenen gut 100 Jahren beweist, dass die unregulierten Kräfte eines freien Marktes mit demselben Erfolg Kriminalität zur Blüte bringen wie Unterhaltungsangebote für die ganze Familie. Auch Schriftsteller und Filmemacher haben immer gewusst, dass New York ein dem Guten und Konventionellen wie auch dem Regelwidrigen gegenüber gleichgültiger Raum ist, und den Platz ebenso als Heimat für den *Großen Gatsby* und für *Batman* genutzt, für Untergangsphantasien, romantische Komödien und den Film noir, für Musicals und Tragödien, für den Serienmörder aus *American Psycho* wie für die höheren Töchter von Henry James.

Vertrieben wird hier einzig das Vergangene. Aber es stirbt nicht, und es verschwindet auch nicht ganz. Die materiellen Reste ganzer Epochen, alles, was vom Fortschritt zurückgelassen wird, landen an den Ufern der Gewässer und im Untergrund. Dort liegt mit all dem Alten, Unzivilisierten das Unbewusste der Stadt, und dort wohnen die Dämonen.

Auch die zwielichtigen Gestalten leben, ganz wie in Filmen und in Träumen, in verlassenen Baracken am Fluss oder an den Anlegestellen. Die Dämonen aber sind körperlos.

Manchmal kommen sie an die Oberfläche, und man begegnet ihnen abends an den Piers, wenn der Singsang des schläfrig schwappenden Wassers von geisterhaftem Stöhnen begleitet wird, dessen Quelle nicht auszumachen ist. Oder sie nehmen die Gestalt räudiger Hunde an, die in einem Hinterhof im East Village, den man durchqueren muss, um zu einer Bar zu gelangen, plötzlich aus einer Ecke schießen, die vorher nicht da gewesen war. Sie leben im Feuer, das eines Nachts den Durchgang durch eine sonst immer passierbare Unterführung versperrt, sie nisten sich ein bei den Verrückten, die in der Subway wie Wildkatzen fauchen, und sie tanzen über die regennassen Straßen im Schattenspiel der Nacht.

Was auch immer die Zukunft bringt: New York wird selbst mit sauberen Bürgersteigen und Fußgängerzonen, sicherer Subway, rauchfreien Klubs, Dachgärten und sexlosen Kinos niemals eine Insel der Unbefleckten werden. Die Stadt wird vielmehr immer ein Sammelplatz für Neurotiker bleiben, für Größenwahn und Paranoia und all die harmlosen, amüsanten, nervtötenden Verbiegungen, die das urbane Leben erzeugt und erfordert. Manchmal scheint es, als trieben die gesammelten Macken der New Yorker im Zentrum den Rhythmus des Lebens und der Geschäfte an. An den Rändern der Stadt aber und an den Rändern des Tages verliert die Hektik ihren Schwung, und die neurotische Spannung löst sich auf in einer seltsamen Zeitlosigkeit. Dann wispert die Vergangenheit aus allen Ritzen, die Zukunft zieht mit dem Morgengrauen herauf, und ein Blick durch die erhabenen Stahlskelette der Brücken, die noch im Dunkel liegen, scheint den Weg in eine andere Welt zu weisen, in die Unterwelt oder ein sonstiges Jenseits. Dreidimensionale Zeit, die an einem Ort in alle Richtungen fließt, was ist das anderes als die Ewigkeit?

Auf der Straße lernt man, wie die Menschen wirklich sind. Alles andere ist Erfindung. So ähnlich hat es Henry Miller einmal gesagt und hinzugefügt, eine Million Menschen seien ein öffentliches Geheimnis. Wer einerseits lernen will, wie die Menschen wirklich sind, andererseits aber nicht darauf aus ist, ihre Geheimnisse zu lüften, ist gut gerüstet für das Leben in New York. Denn dessen Essenz, die Straße, bringt die Ästhetik des Ausgefransten, des Ruppigen und wundersam Gleichzeitigen hervor, die Bild und Selbstbild New Yorks formen.

New York ist der Erscheinung verfallen, das Äußere zählt alles locker aus, was im Verborgenen blühen mag. Selbst die Architektur, extrovertiert wie alles Übrige, steht im Dienst dieses imagehörigen Charakters. Sie hat, wie ein Blick in New Yorker Mietwohnungen, Arztpraxen oder Büros in den berühmten Wolkenkratzern beweist, die Annehmlichkeiten der Bewohner immer hintangestellt und nicht der Innenausstattung, sondern den allgemein zugänglichen Foyers, den Fassaden und den Spitzen der Hochhäuser die größte Aufmerksamkeit geschenkt.

Das gilt übrigens auch für die Hotels, vor allem für einige der sehr teuren. Wer also durch die Stadt läuft und sich umschaut, muss den Eindruck haben, das alles sei nur für ihn gebaut worden und nicht für die, die darin leben – auch dies eine Hommage an die Straße, den riesigen öffentlichen Raum New Yorks.

Dementsprechend werben die fassadenbeherrschenden Leuchtreklamen und Großbildwände am Times Square, die eine Bauverordnung vorschreibt wie bei uns die Traufhöhe, mehr als für die Produkte der Firmen, die sie bezahlen, für die Stadt, die sie erleuchten. Und auch ihre Vorgänger, die werbenden Wandgemälde an Brandmauern oder anderen Außenwänden, die sich noch hier und da entdecken lassen und auf denen stockwerkhohe Flugzeuge phantastische Landschaften überfliegen oder lastwagengroße Turnschuhe über riesige Treppenstufen eilen, sind Kunstwerke im öffentlichen Raum, für die andernorts Wettbewerbe ausgeschrieben würden. New York aber kauft sie nicht, sondern verdient an ihnen.

Vielleicht liegt es an den ständigen Begegnungen zwischen Fremden, die den Alltag in New York bestimmen, dass die Stadt manchmal einen Hauch altmodisch wirkt, einen Atemzug lang bloß angesichts der allgemeinen Tendenz, sich möglichst in virtuellen Räumen gegenüberzutreten. Überhaupt hat New York für den, der es liebt, momenthaft die Anmutung eines Schwarz-Weiß-Films, in dem es genügt, in eine Straßenschlucht zu spähen, um zu wissen, dass sie eine Geschichte geradezu herausfordert, ein Wiedersehen, einen Mord, eine Flucht oder wenigstens einen Blickwechsel, der für ein paar Minuten im Gedächtnis bleibt. Da die Stadt dank der geometrischen Anlage selbst dem, der sie durchquert, eine Aussicht bietet und also immer auch Kulisse ist, gewinnen mitunter kleine Begebenheiten eine literarische Qualität, was auch bedeutet: ein wenig Abstand, Grundstoff der Ironie, die zu den besten Eigenschaften gehört, die New York hervorbringt. Sie ist der Gegenpol zur Selbstbezüglichkeit, ohne die die Stadt nicht wäre, was sie ist.

Trotz des lebendigen Kerns ist New York auch eine Abstraktion. Die Wall Street, die Fifth Avenue, die Madison Avenue, SoHo – das sind reale Orte, aber sie bedeuten überall auf der Welt vor allem: Geld, Gier und Krise, Luxus, Werbung, Mode. Solange der Westen in der Geschichte eine Rolle spielt, werden diese Begriffe mit New York verknüpft bleiben. Auch ist es unwahrscheinlich, dass die physische Nähe in den Kreisen von Bankern, Kreativen und bedeutenden Managern tatsächlich bald überflüssig wird, weil die elektronische Kommunikation persönliche Treffen ersetzt hat und auf dem Computerbildschirm zwischen Manhattan und Phoenix kein Unterschied besteht, das Geschäftemachen in Phoenix aber nur einen Bruchteil der New Yorker

Kosten erfordert. Solche Visionen vom auf jeder Ebene ortlosen Markt, die in den 90er-Jahren die Metropolen zu bedrohen schienen, sind still verblasst. Den regelmäßig ausgestoßenen Unkenrufen, die großen Firmen würden der Stadt den Rücken kehren, folgten bisher kaum mehr als weiteres Unken und dann Schweigen. Denn auch in Zeiten von E-Mail und Videokonferenzschaltungen gilt offenbar, dass die Geschäfte desto besser laufen, je mehr Menschen an einem Ort zusammenhocken. Und was nicht so gut läuft, sich umso besser vertuschen lässt. Ein Finanzzentrum, sagte ein hochrangiger Banker von der Wall Street einmal, wäre nichts ohne *lunch*. Und in der physischen Verdichtung entsteht neben der Wirtschaft noch etwas anderes, das diese Menschen in der Stadt hält und immer wieder andere anzieht, nämlich Kultur.

Big buildings, bright lights, weird stores – das ist die wohl treffendste Beschreibung für die Voraussetzungen, dass aus einer Stadt ein Energiezentrum wird. Vielleicht stand sie einmal unter einem Cartoon im *New Yorker*, ich weiß es nicht mehr. Ich bin mir jedoch sicher, wenn es etwas gibt, das New York einmal den Titel der ewigen Stadt kosten könnte, dann ist es das zügige Verschwinden der absonderlichen Läden, die noch den abwegigsten Vorlieben, Interessen, Obsessionen und mitunter Perversionen dienlich sind. Die über Generationen ohne großen Ehrgeiz geführten Restaurants etwa im Diamantenviertel in der 45. Straße, die über den Läden liegen und nicht mehr wollen, als der Familie des Patrons ein Auskommen zu sichern; der Knopfladen Tender Buttons, der nach einem Buch von Gertrude Stein benannt ist und dessen Besitzerin tatsächlich ein wenig aussieht wie sie und der alle Knöpfe dieser Welt im Angebot hat oder beschaffen kann; die Eisenwarenhandlungen, die früher in jeder zweiten Straße zu finden waren, staubige, oft dunkle Geschäfte mit langen Gängen, in denen sich von Dichtungsringen und einzelnen Nägeln bis zu Rohrverbindungen und Ersatzteilen für Maschinen alles finden lässt, was zur Beseitigung kleinerer oder größerer Schäden notwendig und zwischen fünf Cent und einigen Hundert Dollar wert ist; die Videoläden, die auf japanische Horror- oder europäische Kunstfilme spezialisiert sind und deshalb von keinem Streamingdienst bisher in den Konkurs geschickt wurden, die koscheren Fischgeschäfte, Reparaturwerkstätten mit gebrauchten Autoreifen, die Schneidereien, die nachschneidern, was Filmstars tragen, die Zeitschriftenkathedralen für alles, was irgendwo auf der Welt bis auf Weiteres gedruckt wird, die Hundetaxis, die Ballettschuhmacher, Seidenblumenbinder und Kunststoffkonditoren: Sie alle finden noch ein Auskommen in New York, auch wenn es scheint, als würden es immer weniger.

Doch selbst aus den luxussanierten Vierteln sind die Läden für Absonderliches nicht ganz verschwunden, und so halte ich weiterhin an der Hoffnung fest, dass nicht nur die großen Einkaufsketten ihren Platz einnehmen werden, sondern auch wieder Händler, vielleicht mit anderen Leidenschaften, Sammler mit neuen Spleens und die wachsende Zahl selbst ernannter Handwerker, die in einem alten *hardware store* nicht einmal Schrauben hätten verkaufen dürfen.

Meine letzte New Yorker Wohnung lag am Riverside Drive, nur ein paar Meter vom Riverside Park und vom Fluss entfernt. Sie war meine einzige, die keinen Ausblick über die Stadt gewährte. Dafür konnte ich im Winter den Hudson sehen, und im Sommer wuchsen vor den Fenstern Bäume, die Wohn- und Arbeitszimmer wie ein Dschungel umgaben. Das war wunderschön und sehr außergewöhnlich, aber mich irritierte eine Weile, dass ich New York nicht sehen konnte. Doch dann begann ich – unfreiwillig zunächst, bald aber mit wachsender Aufmerksamkeit –, in dem chaotisch geknüpften Klangteppich, der mich umfing, zu hören, was ich nicht sah. Wenn ich die Augen schloss, konnte ich die einzelnen Lärmelemente isolieren. Im Hintergrund das Rauschen der Autobahn am Fluss, das, kaum gebremst von Promenade, Beeten und Felsbrocken im Riverside Park, durchs Fenster rollte, nachdem es sich mit dem gedämpften Rumpeln der unterirdischen Züge nach Upstate New York zusammengetan hatte. Darüber legte sich der Wind und ließ die Blätter an den Bäumen vorm Fenster gegeneinanderschlagen, tausendfach mit einem klaren, hellen Klatschen. Das gleichmäßige Brummen der niedrig fliegenden Flugzeuge wurde immer wieder einmal durchschnitten vom Rotorenlärm der Hubschrauber, die seit den terroristischen Anschlägen über Fluss und Brücken patrouillieren, und von der Alarmanlage irgendeines Autos, die meist ohne ernsthaften Grund losplärrte. Dröhnend malmend näherte sich die Müllabfuhr, bis sie an der Ecke gegenüber stehen blieb und für die Dauer einer Kaffeepause Ruhe gab.

Spätestens mit dem Einsetzen der Krankenwagensirenen riss ich die Augen wieder auf. Sie keiften meistens aus der Entfernung eines Blocks, oft begleitet von langen, vielstimmigen Hupereien. Die Feuerwehrsirenen aber, die schriller sind und sich mehr in den Kopf als in die Zähne bohren, kamen manchmal gefährlich nah und rasten kreischend am Haus vorbei, mit einem angestrengten Quietschen immer dann, wenn ihre Stoßdämpfer sich in eines der Schlaglöcher senkten. Von der anderen Seite der Wohnung, durch den langen Gang zur Eingangstür, kläffte ein Hund seine Klage zu mir, dass er irgendwo im Haus regelmäßig allein gelassen wurde, und der Schlüsselbund des Nachbarn, der mehrmals täglich mit gleichem Ungeschick seine drei Schlösser malträtierte, klingelte so nah an meinem Ohr, als gäbe es keine Tür, die uns trennte. Schleifgeräusche, punktiert von harten Schlägen, zeigten an, dass derselbe Nachbar seine alten Zeitungen in einem Karton mit den Füßen zum Treppenabsatz schob, wo neben den Mülltonnen das wenige gesammelt wurde, das in New York zur Wiederverwertung aufbereitet wird, und dass er immer wieder einmal gegen den Karton trat, damit es schneller ging. Vom Bürgersteig stiegen die spanischen Befehle des *superintendent* an seinen wahrscheinlich illegal beschäftigten Helfer zum Fenster hinauf, bald übertönt vom Trappeln vieler kleiner Füße – der Kindergarten, der im Keller untergebracht war, brach zum Ausflug in den Park auf. Die Lieder der Drei- und Vierjährigen hörte ich später nur noch leise aus der Ferne, denn gesungen wurde erst, wenn sich die Kinder in ordentlichen Dreierreihen an den Händen gefasst und einen gleichmäßigen Schritt gefunden hatten, was eine Weile dauerte und der Kindergärtnerin Gelegenheit zu wohlartikulierten Anweisungen gab. Sie hatte eine Altstimme.

Viele Monate lang war das der Soundtrack meines Lebens. Ich brauchte keinen Blick, denn ich hatte die Stadt im Ohr. Nichts, was ich denke, fühle oder worum meine Phantasien kreisen, ist von all dem unbeeinflusst geblieben. Ich kam nach New York, als ich längst erwachsen war. Ich weiß nicht, ob ich je wieder dort leben werde, aber ich weiß, dass ich an keinem anderen Ort zu Hause bin, ob mir das gefällt oder nicht.

Lektüreempfehlungen

Es sind Hunderte von Reiseführern für New York erschienen, aber ich kann Ihnen beim besten Willen keinen empfehlen. Nicht, weil sie alle nichts taugten, das ist ganz und gar nicht der Fall, sondern weil es für alle Vorlieben und jede Spezies und also auch für jede Lesergruppe einen anderen gibt. Ich habe irgendwann den Überblick verloren. Es gibt New-York-Führer für Singles und für Paare, für Radfahrer und Wanderer, für Jugendliche und Ältere, für Vogelkundler, für Frauen, für Homosexuelle, für Leute mit viel und solche mit gar keinem Geld, für Studenten, für Vegetarier, für Bildungsreisende, für Nachtschwärmer (die nur in den Titeln solcher Bücher so heißen), für Gourmets, Opernliebhaber, Katzenfreunde und Kunstbegeisterte und sicher noch für Freunde von 1000 anderen Dingen.

Wählen Sie, was Ihnen am nächsten kommt, es kann nicht viel schiefgehen.

Zusätzlich zu einem Reiseführer sehr hilfreich für alle Unternehmungen kultureller und kulinarischer Art ist die kostenlose App des *New Yorker,* die dem Veranstaltungskalender des Magazins nachgebildet ist: *Goings On: The New Yorker.*

Darüber hinaus empfehlen möchte ich Ihnen einige der Bücher, die mein eigenes Verständnis von New York vertieft haben, und von ihnen wiederum vor allem solche, die ich mehr als einmal zur Hand genommen habe. Es ist eine Reihe von Romanen darunter, weil in ihnen die Stadt in ihren vielen Facetten und ihre Bewohner mit den typischen Eigenheiten oft lebendiger werden als in Sachbüchern über Spezialgebiete wie Stadtplanung, Müllentsorgung und Wasserwirtschaft, von denen es einige herausragende gibt, die meisten allerdings nicht auf Deutsch. Um diese Empfehlungsliste überschaubar zu halten, habe ich ungefähr für jedes Jahrzehnt oder jede Epoche ein Buch ausgesucht, das mir als Vorbereitung auf die Stadt, als Stimmungsbild oder historischer Eindruck besonders geeignet scheint. Die allermeisten dieser Bücher finden Sie im Netz, unter Umständen nur noch gebraucht. Lassen Sie sich davon nicht beirren. Es bedeutet nur, dass vom deutschen Buchmarkt auch Klassiker schneller verschwinden, als sie sollten.

Kein Roman, aber kompakt, voller Anekdoten, herrlicher Bilder und schwergewichtig ist die illustrierte Stadtgeschichte von 1609 bis heute, die Ric Burns, James Sanders und Lisa Ades geschrieben haben und die einfach *New York* heißt (Frederking & Thaler). *Nonstop Metropolis. A New York City Atlas* von Rebessa Solnit und Joshua Jelly Schapiro versammelt zu den wichtigsten Themen querbeet kluge Essays und Karten, aus denen sich eine Verbindung von Geschichte, Stadtentwicklung, Sozialgeschichte und Geografie herauslesen lässt – eines der klügsten und gleichzeitig kurzweiligsten und auch schönsten Bücher überhaupt über New York (University of California Press).

Zur frühen Geschichte der Stadt sagt alles Wissenswerte Russell Shorto in seinem historischen Sachbuch *New York – Insel in der Mitte der Welt* (Rowohlt). 1881 kam der Roman *Washington Square* (dtv) von Henry James heraus, der Ihnen einen wunderbar satirischen Einblick in die beinahe besten

Kreise des *Gilded Age* gibt. Über die Zeit vom Ende des 19. bis ins frühe 20. Jahrhundert habe ich am meisten aus den Büchern von Edith Wharton und hier wiederum aus dem 1920 erschienenen *Die Zeit der Unschuld* (Piper) gelernt, das von Martin Scorsese verfilmt worden ist.

Aus den weniger etablierten Kreisen erzählt Henry Roth eine typische Geschichte jüdischer Einwanderer zu Beginn des 20. Jahrhunderts in *Nenn es Schlaf* (Suhrkamp). *Der große Gatsby* (Diogenes) von F. Scott Fitzgerald, der 1925 herauskam, führt Sie in die Hamptons zu den Neureichen des Jazzzeitalters. Die 20er- und 30er-Jahre lernen Sie auch in den beißend witzigen und sehr geistreichen *New Yorker Geschichten* (Kein & Aber) von Dorothy Parker kennen. Von schneidender Beobachtungsgabe, gefasst in diamantscharfe Sätze, ist *Die Party bei den Jacks* von Thomas Wolfe (Manesse) aus derselben Zeit.

Das Leben der Künstler in Greenwich Village unmittelbar nach dem Zweiten Weltkrieg hat Anatole Broyard, der jahrzehntelang Literaturkritiker bei der *New York Times* war, in *Verrückt nach Kafka* (Berlin Verlag) beschrieben, ein herrliches Buch. Von Ralph Ellison erfahren Sie in *Der unsichtbare Mann* (Rowohlt), wie es zur gleichen Zeit den Schwarzen in New York erging. Und für die 50er-Jahre gibt es kein besseres Buch als J. D. Salingers *Der Fänger im Roggen* (Rowohlt). Wer die Eisenhower-Jahre auf dem Umweg über eine Geschichte der Salsamusik in New York kennenlernen möchte, wird an *Die Mambo Kings spielen Songs über die Liebe* (Fischer) von Oscar Hijuelos Freude haben. Das Lebensgefühl der 60er-Jahre, als die Vororte in Mode kamen, vermitteln die Kurzgeschichten von John Cheever, die in einer kleinen Auswahl unter dem Titel *Der Schwimmer* (Heyne) auf Deutsch erschienen sind. Und das auch angesichts neuerer Krisen genaueste Sittenbild des New Yorker Börsenkapitalismus bietet immer noch der monumentale satirische Roman *J R* (Goldmann) von William Gaddis. *The Big Short* von Michael Lewis liefert die aktualisierte Insidersicht auf die Finanzkrise von 2008.

Die späten 70er-Jahre, wild und aktionsgeladen, erleben Sie in Rachel Kushners *Flammenwerfer* (Rowohlt). Das keineswegs bürgerliche Leben der 80er-Jahre, die Zeit von Drogen, Designeranzügen und wahllosem Sex, lernen Sie am besten mit Jay McInerney in *Ein starker Abgang* (Rowohlt) kennen. Das wichtigste Buch über diese Zeit aber, vielleicht der wichtigste New-York-Roman des 20. Jahrhunderts überhaupt, ist *Das Fegefeuer der Eitelkeiten* (Droemer) von Tom Wolfe. Die Künstler- und Salonkultur des späten 20. Jahrhunderts beschreibt Siri Hustved in ihrem Bestseller *Was ich liebte*, die des ersten Jahrzehnts des 21. Jahrhunderts in *Die gleißende Welt* (beide bei Rowohlt). Eine eigenwillige Geschichte der Stadt nach den Terroranschlägen finden Sie in Art Spiegelmans Comic *Im Schatten keiner Türme* (Atrium). Eine offene Hommage an New York nach dem 11. September 2001 hat Colson Whitehead geschrieben: *Der Koloss von New York* (Hanser). 2014 kam ein Zombieroman desselben Autors heraus, in dem der Untergang New Yorks auf andere Art plastisch wird. Es gibt immer noch kein Taxi, wenn man eines braucht, und auch sonst hat sich nicht alles geändert – eine Science-Fiction-Vision mit starken Anteilen aus der Gegenwart: *Zone One* (ebenfalls bei Hanser).

Natürlich gehören in diese Liste auch jene Bücher, die in den vorangegangenen Kapiteln erwähnt wurden: *Bartelby, der Schreiber* (Insel) und *Pierre* (Hanser) von Herman Melville sowie *Die Geschichte meines Todes* (Rowohlt) von Harold Brodkey und die Kurzgeschichte *The Way We Live Now* von Susan Sontag, die in der von John Updike herausgegebenen Sammlung *The Best American Short Stories of the Century* (Houghton Mifflin) zu finden ist, sowie *Brooklyn* (Hanser) von Colm Toíbin. Außerdem die Beschreibungen der nicht ganz legalen Erkundungen im Untergrund, *Invisible Frontier* (Three River Press) von L. B. Deyo und David »Lefty« Leibowitz, und das Buch der Fotografin, die in verlassenen Tunneln Séancen veranstaltet: *New York Underground* (Ch. Links) von Julia Solis. An *Ein rundherum tolles Land* (Luchterhand) von Frank McCourt und Mario Puzos *Der Pate* (Rowohlt) brauche ich kaum zu erinnern, beides waren weltweite Bestseller.

Wer noch mehr darüber erfahren will, wie New York im Kino erschaffen wurde, wird in *Celluloid Skyline* (Alfred Knopf) von James Sanders die klügste und materialreichste Studie zum Thema finden und außerdem eine Fülle von Abbildungen mit Szenen hinter den Kulissen, die allein die Anschaffung schon lohnen. Und jeder, der selbst schauen will, wo Filme gedreht und welche Orte immer wieder als Schauplätze verwendet wurden, kann sich in dem alten Buch *New York: The Movie Lover's Guide* von Richard Alleman (Broadway Books) zahlreiche Anregungen holen, falls er es antiquarisch findet. Die Geschichte einer der feinsten Adressen der Stadt erzählt Michael Gross in *740 Park. The Story of the World's Richest Apartment Building* (ebenfalls Broadway Books). *Green Metropolis. Why Living Smaller, Living Closer, and Driving Less Are the Keys to Sustainability* von David Owen ist bei Riverhead Books erschienen. Unter demselben Haupttitel hat Elizabeth Barlow Rogers ein Buch über sieben Grünflächen und Parks in New York und über die Beziehung von Natur, Technik und Design in ihnen geschrieben (Knopf). Und Johel Sternfeld erzählt in *Walking the Highline* (Steidl) die erstaunliche Geschichte dieses neuen Parks.

Wenn Sie über die Architektur der Stadt, einzelne Bauten und ihre Geschichte in knappen Absätzen informiert werden wollen, sollten Sie sich in New York die aktuelle Auflage des *AIA Guide to New York City* (Three Rivers Press) von Norval White, Elliott Willensky und Fran Leadon kaufen, der seit 1967 immer neu aufgelegt wird und der beste Architekturführer ist, der noch in einen Rucksack passt. Keinesfalls dort hinein gehört *The Encyclopedia of New York City* (Yale University Press), die Kenneth T. Jackson 1995 herausgegeben und 2011 erweitert hat – ein Buch wie ein Wackerstein, doch unerlässlich für jeden, der von neuen Details aus den vergangenen 400 Jahren nicht genug bekommen kann. Wahrscheinlich wurde New York erst in dem Augenblick, in dem eine allein ihr gewidmete Enzyklopädie erschien, wahrhaftig zur Hauptstadt der Welt.